starwon
books co.,ltd
达闻天下

starwon
books co.,ltd
达 闻 天 下

最全面的恋爱理财经
恋爱期女孩必备理财手册

会理财的女孩有人爱

夏娃·著

湖南师范大学出版社

图书在版编目（CIP）数据

会理财的女孩有人爱 / 夏娃著. —长沙：湖南师范大学出版社，2011.2

ISBN 978-7-5648-0401-5

Ⅰ. ①会… Ⅱ. ①夏… Ⅲ. ①女性－财务管理－基本知识 Ⅳ. ①TS976.15

中国版本图书馆CIP数据核字(2011)第014527号

会理财的女孩有人爱

夏娃 著

◇总 策 划：夏春瑞
◇责任编辑：姚建兴　温雅卿　莫　华
◇责任校对：宋　双
◇装帧设计：致臻书妆
◇出版发行：湖南师范大学出版社
地址/长沙市岳麓山 邮编/410081
电话/0731.88853867 88872751 传真/0731.88872636
网址/http://press.hunnu.edu.cn/
◇经销：湖南省新华书店
达闻天下（北京）图书有限责任公司
◇印刷：北京中印联印务有限公司

◇开本：710×1000 1/16
◇印张：11
◇字数：138千
◇版次：2011年7月第1版 2011年7月第1次印刷
◇书号：ISBN 978-7-5648-0401-5
◇定价：29.80元

做财女，放心爱……

恋爱消费是爱情的附属品，
同时也是一把双刃剑。使用恰当，能为爱情锦上添花；
使用不当，则很可能会让爱情滑落痛苦的深渊。

要想做一个可爱的有钱女人，
大可将“女王”的架子端了去。
没必要将自己的财富和优点处处炫耀，真正富有的人，
必定是在精神上也不输于别人的人。

从确定恋爱关系开始，
就注定要有赢家和输家，每个人都想成为爱情中的胜利者。要想成为
最后的赢家，就要看谁能够掌握游戏的博弈规则。

婚姻不可避免地是要以物质为龙头的，这不是童话。
在许多人眼里，
你的人和你的钱一样高贵，你的魅力与你的银行存款一样，
是可以“增值”的。

恋爱前：预谋超值LOVE

——爱情是一项绝佳理财产品当然投长线

PART 2

恋爱中：情动热恋ING

——投资爱情谨记找准“情金”分割点

PART 3

结婚后：情浓TWO世界

——越投资越信任走进婚姻理财大花园

PART 1

恋爱前：

预谋超值LOVE

——爱情是一项绝佳理财产品当然投长线

两情相悦时，
恨不能每天都沉浸在风花雪月中，钱那种俗物，
真想让它有多远就滚多远。
可转念一想，我们还是要食人间烟火，也不能总
在空中楼阁、海上蓬莱谈恋爱。
其实约会、吃饭、娱乐，哪样不与钱息息相关？
更何况进攻期的爱情绝对少不了要和钱较量，
大家都在为博取对方喜欢而挖空心思，花
点银子理所当然。

1. “剩女”变胜女——懂得等待，非诚勿扰

2. 相亲一击即中——小成本高回报的交往方式

3. 幸福也有长线投资方案——爱上经济适用男

4. 为爱情投资，但别透支——淑女培训班与豪门之路

5. 爱的代价——你为自己的爱情做好预算了吗

6. 不花钱的随堂测试——陪逛的艺术

7. 票子与面子——恋爱初期消费谁来买单

8. 小心谈一场无效恋爱——恋爱合同有效吗

9. 以爱情的名义保护地球——低碳恋爱为爱情加分

10. 给美丽投资——悦己者容，也要为自己省钱

11. 爱上的是人，更是生活方式——与成功男人谈恋爱

12. 猜心游戏，小心猜丢了爱情——了解他的优缺点

13. 网线上的虚拟爱情——网络恋爱成本核算

14. 最好的总是在最后——爱情的等待期限

15. 多金女也没有什么了不起——别让资产成为幸福绊脚石

“剩女”变“胜女”——懂得等待，非诚勿扰

情金PK的那些事儿…

不知从什么时候开始，“剩女”这个词突然流行了起来。几年前我还是大学刚刚毕业的小丫头，一转眼也即将迈入传说中的“剩女”行列。在进入社会以前，觉得爱情一点都不重要，赚钱让自己和爸妈过得舒坦才是最要紧的，于是毕业之后就马不停蹄地工作、工作，然后升职加薪。钱倒是赚了一些，回过头却发现，自己拼命努力拥有的这一切却总是一个人在享用，无论承受多大压力，都得自己来承担。内心的快乐与悲伤，钱是听不见的。

我反倒开始羡慕那些已经结婚，甚至有了孩子的老同学们，工作和家庭两者兼顾，一样过得挺开心的，即使他们没有那么多的钱。再看看自己，等到有了恋爱的打算，却发现身边可供挑选的男性资源少得可怜。哪怕是去相亲，似乎也不那么招人待见。我自问长得不算太差吧，经济能力不用对方担心吧，为什么就是遇不到合适的人呢？后来才知道，原来我在“面试”的第一关就被刷掉了——人家关注的都是年轻女孩子，而我显然不在此列。“剩女”的春天，到底在哪儿呢？

恋爱面面观&消费智囊团

当今社会，“剩女”已经不再是一个新鲜的名词。这些被“剩”下来的大龄女青年们，往往已经错过了最美好的青春年代，虽然也许事业有成，却忽略了重要的感情生活，不得不加入到“剩女”的行列中。即使是昔日备受人们称道的女强人“白骨精”称号，原本所指的是高级白领+业务骨干+行业精英，如今却有了新的定义：“白眼+骨灰+妖精”。感情生活的缺失，让她们也因此成为相亲会、婚姻介绍所和居委会热心人士口中的常客。剩女真就这么“悲惨”吗？

女强人观VS华丽转身

◎依靠男人不如依靠自己

一不小心成为“剩女”的人们，常常并非是因为自身条件的不利，而是因为她们始终相信：依靠男人不如依靠自己。这类人心里往往住着一个类似“花木兰”的人物，这个人物指引着她们相信“巾帼不让须眉”的道理。谁说女人在事业上不如男人，谁说女人离开了男人就不能活？她们偏偏不信这个理。什么爱情婚姻，都没有事业来得重要。她们像男人一样在这个社会上打拼，想要出人头地，想要自己创造优裕的经济条件，想要证明没有男人，女人一样可以生活得很好……很明显，她们做到了，但正因为此，她们也被“剩”了下来。

这正是她们觉得奇怪的地方，为什么女人一变强，男人反倒就不喜欢了呢？在这个物欲横流的社会，女人拥有和男人一样强的经济实力难道不是件好事吗？这意味着两个人的负担都会减轻啊。如果爱情可以用理性的思考来进行分析的话，也许就能找出“剩女”这个群体出现的原因了。可是，爱情的产生往往没有这么强的逻辑性。

即使是昔日备受人们称道的女强人『白骨精』称号，原本所指的是高级白领+业务骨干+行业精英，如今却有了新的定义：『白眼+骨灰+妖精』。

◎“剩”女变“胜”女

“剩女”二字听起来，总给人一种惨兮兮的感觉，而实际上，“剩女”才是最有可能“笑到最后”的人。很多现实中还有影视作品中的“剩女”们，就是运用自己更成熟的智慧，从“剩下”变成“胜出”。

观察一下“剩女”们的特征就会发现：她们常常把爱情看得无比神圣，又因为自身优秀而变得挑剔，对婚姻渴求完美；对于爱情很期待，却始终碰不到所谓的有缘人。

而事实上，这类型的“剩女”被剩下只是表面现象，她们并非无人追求，只是能让她们喜欢上的也绝非是等闲之辈。毕竟，自身条件优越的女人，择偶的标准也自然会提高。不仅要求外表，学历、经济基础、修养，以及精神上的契合等都被列在了条件之内，这么高标准的对象在人群中还是属于少数。

有些女人还标榜自己的要求其实并不高，只要真正爱自己就可以了，但她们的潜意识里，对方能否给自己带来精神上和物质上的满足感，还是会在无形中成为主导她们进行选择的因素，而这种情况比知道自己标准高才被剩下的女人更危险，因为她们压根就没有意识到自己一直被“剩下”的原因，而正是她们，才是最挑剔、最追求完美，不会在选择人生伴侣时退而求其次的人。

“剩女”们的优势其实是显而易见的。她们自身就有较好的条件，在经济独立和个人意识上也处于逐步增强的状态，这样的女性一旦走入婚姻，其实拥有着更加稳固的物质基础；再加上她们的生活阅历相对丰富，对于人生也会有不一样的感悟，更加能够满足成熟男人在精神上的平等要求。这样的“剩女”要想转败为胜，其实只需要健康的心态，把期待值调整到可操作性的层面，爱情自然就到来了。

完美爱情观VS“胜”女修炼

◎找不到心目中的他，宁愿不嫁

在“剩女”的世界里，最悲哀的事情莫过于：上一秒钟才决定嫁给“委曲求全”，下一秒钟就遇见了“真命天子”。因此，她们宁可继续等待，也不愿意在最后一秒钟做出错误的决定。这样说来也是没错的，等都等了这么久了，就不在乎多等一会，否则之前的等待都是没有意义的。

她们通常在心里描绘了一个完美的爱情模板：在等待的是一个什么样的男人，会以什么方式出现，会在什么样的情况下求婚，会有一场多么让人瞩目的婚礼……她们将爱情想象得无懈可击，以为这样的爱情会在自己最美好的时候出现，只是自己已经准备好了，他却还是没有来。在一次又一次的等待和失望中，慢慢失去了信心。即使是有合适的人出现在眼前，她们也会因为他不是出现在高档的鸡尾酒会，而是出现在路边的海鲜大排档而对他视而不见，最终错过一段又一段美好的姻缘。

◎自我提升才是正道

没有人说爱情和事业不可兼而有之，所以，要避免被“剩下”的一个最基本的前提是：不要排斥一边建立事业，一边寻觅爱情。如果不幸被“剩下”了，那也没有关系，要了解自己的优势所在。和那些刚出校园的小丫头们相比，“剩女”们拥有更加成熟的世界观，拥有更加雄厚的经济实力，因此也更了解自己需要的是什么。不仅可以自己赚钱买花戴，还可以去进行自我提升：学习瑜伽、普拉提，学习茶道、插花……对“剩女”们来说，最重要的是如何看待还没有爱情的自己。

世界有时候确实是不公平，但更多的时候很公平，绝对不会让一个懂得爱自己、经营自己的女人拥有全世界，却惟独没有爱情。要转变这种情况其实很简单：

首先，高雅但不矫情。高雅的女人会获得男人的青睐，但是把矫情当做高雅的人只会让男人觉得厌倦。惹人喜爱的女性，不仅要可以穿着高跟鞋晚礼服穿梭于高档酒会宴席，也可以拎着罐装啤酒流连于热闹的市井排挡。那种以为只有高档享受才是生活的人，注定是要被“剩下”的。

其次，执着但不偏执。每个女人都想嫁一个十全十美的男人，他就是每个人心中的那个“Mr. Right”，可现实证明，这样的男人往往只存在于幻想和影视剧中。也许会有那么一两个真的存在吧，但是他凭什么一定要娶你呢？

最后，要学会坚强等待。懂得等待的女孩才是最美丽的，在等待的过程中要不断充实自己，要知道，你有这个资本。在吸引别人前的自我调整，能在最大程度上保证你吸引的是一个真正值得嫁的好男人。一感到寂寞就想要寻求依赖的女人，充其量不过是花花公子们最好的猎物而已。总而言之，爱情就和机会一样，只给有准备的人。不仅要准备好迎接爱情，更要准备的，是一个值得对方爱的自己，是一颗懂得爱的心。当爱情到来的时候能够享有，而不是需要再花时间去学习，如何去爱一个人。男人当然不会喜欢一个虽然已经在这个地球上生活了多年，却依然是小女孩情商的女人，等到你学会如何去珍惜，最好的机会已经再次被错过了。

财女贴士

被剩下一点都不可怕，可怕的是因此而产生的自我否定，这会让一个在事业上精明强悍的女人变成一个歇斯底里的怨妇。不管现在是25岁，还是30岁；不管现在有没有爱情，但至少要相信爱情一定会来，要相信每一个好女人都会有男人来疼爱。

相亲一击即中
——小成本高回报的交往方式

情金PK的那些事儿…

古人都说“女大不中留”，可我还是一不小心成了“剩女”。这可急坏了老爸老妈等一大票长辈，每天在我耳边唠叨个不停。为了让耳根清净点，就在上个月，我也义无反顾地加入到了相亲的队伍中。可这短短的一次相亲，那叫一个“惨烈”啊！

相亲之初，老妈说我的衣橱中全是“古董货”，应该添加几条时尚点的裙子。好家伙，去商场逛了一圈，3条裙子花了我将近2000元，真是大放血！这还不算，为了准时赴约，又不至于把衣服挤成腌菜，来来回回都是打的，又耗费掉我200多大洋。

本以为我的相亲开销可以画上句号了，毕竟是第一次相亲，肯定都是男方请吃饭嘛！可我就是那么背，头一个相亲对象竟然向我提出“AA制”，说什么现在社会男女公平。我哭笑不得，可是因为碍于媒人面子也只好答应。考虑到是自己花钱吃饭，便不用顾忌什么，所以当他让我选地方时，我立马选了一家经常光顾的高级餐厅，一顿饭下来人均花费300元。结果可想而知，那位AA男从此消失，还在媒人那里抱怨了一通，给我留下了“败家女”的名声，真是得不偿失啊！

恋爱面面观&消费智囊团

脱掉了“老土”外衣，相亲，已一跃成为深受当今年轻人追捧的交友方式之一。相比盲目地等待和寻找，相亲一般都来自亲戚朋友的介绍，或者是各种类型的交友网站——只要在家拿着鼠标轻轻一点，就能得知对方的基本情况，挑选自己感兴趣的对象在网络上进行交流，再决定是否见面做进一步的交往。以往需要若干次飞鸽传书、煲数小时的电话粥才能了解到的信息，如今瞬间就可以知晓，自然就可省下不少相亲的投资成本。

虽然相亲的成本可以省下，但是这爱情可不能因此被打上折扣，即使是小成本恋爱，也要争取一击即中！

和眼观VS以不变应万变

◎千面女郎才能讨他欢心

不可否认，一副得体的妆容和穿着能为女人添色不少，更何况大多数女孩子骨子里都有“罗曼蒂克”情结，对于一见钟情、再见倾心的感情常常是向往不已，所以在第一次见面时都会把自己收拾得尽量美丽，希望在第一次见面就能将对方迷倒。

可打开家里的衣橱，好像永远都找不到适合相亲的那一件，只好不惜花费重金为自己添置新行头。即使知道那些衣服可能穿过一次就会压箱底，她们仍然坚信只有这样才能将自己最美的一面体现出来，一击即中打动他的心，从而增加爱情的胜算几率。如果能够成功钓到金龟婿，这点“本钱”倒也值得了。

但事实上，花钱的速度和感情的进展往往并不成正比。为了维持在他心目中的形象，几次约会下来自己仿佛成了千面女郎。美丽投资换回的却还是“他的爱好”、“他家有几口人”等无关痛痒的信息。若他只是抱着看美女的态度，却没有进一步发展的打算，那之前的花销可就打了水漂。更何况，现在的男人在找女朋友的时候，也变得精明了：美不美自然是重要条件，但是如果他知道对方是一个花钱“不眨眼”，消费“如流水”的女人，恐怕也有点胆儿颤吧。

相比盲目的等待和寻找，相亲一般都来自亲戚朋友的介绍，或者是各种类型的交友网站——只要在家拿着鼠标轻轻一点，就能得知对方的基本情况，挑选自己感兴趣的对象在网络上进行交流，再决定是否见面做进一步的交往。

◎自然的就是最美的

女人总以为自己的美貌程度和相亲成功几率成正比。这种想法让她们在得到爱情之前，容易白白浪费掉大把金钱。相亲其实就是一次风险投资，回报率是未知的，小成本高回报才是我们的目的。

想要引起他的注意，并不意味着需要砸下重金穿上一身“黄金甲”，如果盛装打扮、浓妆艳抹，却很有可能因为装扮与你平时的风格相悖，而让你感觉不适、浑身不自在，不仅影响约会的心情，还可能进而影响真实的情感表达与魅力展现。相反，自然得体的着装风格更能够增加你的亲和力，拉近彼此的距离。

事实上，只要对方并非吹毛求疵、眼高于顶之徒，平时穿着舒适的衣服就足以应付相亲场面，像一些基本款的针织衫、小黑裙、衬衣之类的单品，稍稍搭配一下就能很出彩，既不会显得谄媚，又不会显得过于随意。即使是挑剔男，也会被你清新脱俗的气质所吸引。

买单观VS少见多聊

◎付账就应当你来我往

传统观念认为，相亲时吃饭和娱乐花销一般由男方来支付，不管相亲是否成功，对女孩都没什么经济损失。这种“不公平”让一部分小肚鸡肠的男人耿耿于怀，于是AA制也慢慢成为相亲时的一种选择。

对于这一点，很多女孩都表示理解。要对方为一份还不知有没有未来的爱情买单，也确实说不过去。只是一两顿饭钱而已，没有什么大不了的。只是这样必然增加了自己的投资成本，如果对方值得交往，投资还能看到回报；相反，则“肉包子打狗”有去无回。

其实市场规律是，要通过无本经营获得高额利润，几率极微。女孩如果打着相亲的旗号蹭吃蹭喝，当心仪的他发现自己只不过是一张临时饭票，对方刚刚建立起的一点好感就荡然无存。对他们来说，损失金钱是小事，损失了作为男人的尊严可是一件大事，说不定对方也会“以牙还牙”。所以，为了维护自己和别人的尊严，该花的银子不能省。

◎网络帮你提高相亲成功率

花费了若干打扮和打出租的钱，换来的却是见了第一眼就不想再见第二眼的噩梦，实在是不值得。有什么办法能掠过媒人的吹嘘，在见面前亲自“考察”一次？答案是合理利用网络！别以为网上的爱情都不靠谱，要知道此网恋非彼网恋，这可是两个相亲男女时尚又节省的熟识好方子。

利用网络聊天，你可以足不出户就了解对方的各种信息，看看是否与媒人所说一致。最重要的是得到这些信息几乎不用任何额外花费，对于想节省相亲成本的人来说，的确是一种非常经济的交往方法。当了解对方的家庭背景、学历工作、童年趣事后，看看合不合自己胃口，然后决定是否见面交往，这样不仅省时、省力，更重要的是可以省一笔银子。当然，如果你是非常看重外表的人，也可忽略其他若干因素，前往约会地点一探对方的庐山真面目。只是在约会前，一定要讲清谁买单，因为不排除第一次见面就出现AA制的情况。

另外，若第一次见面就遭遇AA制，在选择见面地点的时候就应该考虑到双方的支付能力，尽量选择有特色的中档餐厅，而不要盲目追求高档。即使是自己支付花销，也要在自己的掌握接受范围内，不然吃完这顿海鲜，就等着下顿喝西北风，那种“潇洒”的感觉可不好。

当然，相亲的第一次见面通常男性会主动买单，但即使知道他会买单，你主动结账的意识和动作仍然不能少。如果对方主动付账，则不必坚持，以免给人留下过于强势的嫌疑；也可主动提出各自承担费用，对方如果表示同意，多半是不想再有下一步的接触，才会尽量避免经济瓜葛；而如果他久坐不动，也默认由你买单的提议，那么“小气”这个词就是为他而设的，将他尽早踢出局才是上上策。

财女贴士

相亲虽然是建立在彼此有一定了解的基础上，但也要提防对方的不轨意图。不要随便奔赴免费饭局，小心有人借请吃饭为名，行骗财骗色之实。相亲的目的最终是为了收获爱情，不要为了一味省钱，将自己的安全弃之不顾，否则很可能让自己得不偿失。

幸福也有长线投资方案——爱上经济适用男

闺蜜找了一个普普通通的男朋友，用她自己的话来说就是“比他爱我的没有他有钱，比他有钱的没有他爱我”。这也就是传闻中的“经济适用男”。听闺蜜的意思，那个男人虽然现在赚的钱不多，但工作非常稳定，从长期发展上看也比较有前途，而且性格老实稳重，特别感激闺蜜在众多追求者中挑选了他，因此对她特别的好，两个人还挺幸福的。

在祝福闺蜜之余，我心里也有点不以为然。她长得那么漂亮，多的是有钱的公子哥追求，她居然选了这一个。如果是我，在选择这种男人的时候，肯定少不了各方面的顾虑。就拿工资来说吧，经济适用男的月工资通常在2000～10000左右，以这个支付能力，估计买房子只能付首付，说不定还得依靠父母的一部分资助，在这之后，每个月的工资还要拿出一部分来还房贷，以后有了小孩，就要肩负起房子和抚养小孩的双重任务，到时候连奶粉钱都不够，更别说有多余的钱满足我旺盛的购物欲了。

好吧，我承认我更加倾向于享受物质生活，也许经济适用男在不久的将来可以满足我的生活要求，但是那需要我等待太长的时间，等到那一天到来，说不定我都已经变成黄脸婆喽。所以，我宁愿多等待一下，找一个在经济能力上能够充分满足我的男人，也不想把自己美好的青春时光浪费在等待一个未知的未来上面。

所谓的经济适用男，就是指长得不是很帅，身高一般，性格温和，无不良嗜好，无红颜知己，工资水平属于该城市中比上不足、比下有余的类型。对于这一类男人，女人们对他们是褒贬不一，有的看中了他们的稳重，适合以后居家过日子；有的则认为他们的赚钱能力赶不上自己的花钱速度，因此不适合过日子……不管怎么样，萝卜白菜各有所爱，经济适用男，如果“用”好了，那也是个香饽饽，只是看你愿不愿意将自己的时间奉献在他身上了。

实用观VS风格一致

◎不要和经济适用男谈浪漫

对于谈恋爱来说，最郁闷的事情莫过于碰到一个“榆木疙瘩”，就跟《武林外传》中的吕秀才一样，不解风情，又不懂得浪漫，让与他们谈恋爱的女孩们叫苦不迭。不过女人的心总是令人捉摸不定，一方面希望找一个老实稳重的，一方面又希望不要过于老实，最好是能有点男人的小“坏”，会在重要的日子送上一份价值不菲的礼物，给自己一个突然的惊喜，或是时不时地制造一点浪漫，没事去看个烟火、去公园散个步什么的……如果你指望这些的话，恐怕经济适用男会让你失望了。他们并非舍不得花钱为你做这些事，而是他们的思维里压根就没有这个概念。

不管怎么样，萝卜白菜各有所爱，经济适用男，如果“用”好了，那也是个香饽饽，只是看你愿不愿意将自己的时间奉献在他身上了。

在他们看来，与其把钱花在这些没有实际意义的花前月下，还不如两个人在路边吃碗牛肉面实在。因此，对于没有谈过恋爱的人来说，他们可能并不是开展一段恋情的最好选择。但是也不必灰心，从另外一个角度来说，经济适用男们虽然不善于表达，但不代表他们没有自己的情绪。而且由于多半经济适用男都专注于发展事业，所以往往见识广博，懂得东西都比较多，而且必定是女生们较少接触到的知识领域。所以，他们接受新事物的能力是非常强的，就像一块璞玉一样，等待着被人雕琢散发出隐藏的光芒。只要你善于发现，并且积极引导，你就会发现，其实经济适用男是一座挖掘不尽的宝藏。

◎简单自然抓住经济适用男的心

要想和经济适用男谈恋爱，首先就得明白他们的优势在哪里。经济适用男之所以会受到现代女人的追捧，完全是因为他们在工作以及为人处世中的稳重表现，是未来老公的杰出人选。因此在和这类人谈恋爱时，最好能够摒弃一些不切实际的爱情幻想，努力发觉他身上那些实实在在的优点。

并且，要想获得经济适用男的青睐，约会时顶着一个爆炸头或是穿奇装异服可不行。一般来说，“经济适用男”以理科出身者为多，他们大多不习惯五彩缤纷、层次过于丰富的着装，那些衣着简单自然，并且又不乏品位的女生更加能获得他们的青睐；温柔地对待他们，体现出女性特有的优雅、善良以及爱心，会容易吸引他们的目光；在人际交往方面，最好不要和其他的男生保持着暧昧的关系，这样会让简单直率的经济适用男们根本搞不清楚你的情感指向，一个含糊带过的名字都有可能让对方一个晚上都睡不好觉；最后，要抓住经济适用男人的心，首先就要抓住他的胃，这对于男人来说是万古不变的“真理”，而这群男人经常不分昼夜地加班，都有一个最需要温暖呵护的胃。为他烹饪一顿丰富的晚餐，一定能够抓住他的心。

现实观VS稳扎稳打

◎经济适用男也要面对残酷的现实

虽然在精神方面，经济适用男体现出了诸多优势，但是当今社会的经济压力飞涨，城市生活的成本也越来越高，经济适用男们受到了富二代、钻石男、权贵男们的竞争，不得不面对着更加重大的压力。特别是在这个一切都可以凑合，但是只有房子不能凑合的时代，社会对于房子仍然呈现刚性需求，而这对于积蓄不多、工资水平仅在中等水平的经济适用男们来说，仍然是一笔不小的负担。

因此，经济需求与社会压力的存在，直接导致了许多不愿背负过多生活负担的女生，宁愿选择一个“让自己少奋斗二十年的男人”，也不愿和身边的这个人一起艰苦与共。一个典型的例子就是电视剧《蜗居》里面的小贝，最后还是败在了有权有钱的宋思明的手下，这不能不说是经济适用男们要面对的一个现实问题了。而女性在选择经济适用男的时候，也往往少不了这一层的顾虑。若是一时盲目冲动选择了经济适用男，却在恋爱和婚后发现，自己完全无法忍受背负经济压力的生活，就很可能会后悔不已。

◎积少成多，成就经济适用男的“春天”

经济适用男的收入水平等方面，虽然比起“多金男”要略差一点，但是比起普通职业的男人来说，还是有一定的优势的。虽然在房子的问题上常常无法一步到位，但毕竟在供房上面是不需要你操心的。而最关键的问题在于，经济适用男们的生活中心一般都是放在家庭上，这样的性格就决定了他们未来会将大部分的收入投入到家中，哪怕是在谈恋爱的时候，也会在他们认定的女朋友的花费问题上，绝对不会委屈了自己的女朋友。

此外，经济适用男们的工作性质，往往决定了他们每天的消费支出是非常少的：上下班有班车接送，一日三餐有单位食堂进行解决，而其他的生活开支也不高。这样下来，收入部分的钱积少成多，在不经意间就可能积攒下来不少的钱。这个时候作为女朋友的你，就应该充分地发挥理财的才能。整天缠着他买东买西当然不是个好主意，最好是能将一部分的钱拿出来进行投资，让钱生钱。如果两个人都没有理财头脑也不必担心，如今各大银行内的投资理财产品品种非常丰富，还会有专门的理财师帮你们进行规划，让你们在恋爱的同时，就为将来的生活打好基础。

财甘贴士

世界上没有绝对的完美男人，找到一个又有钱又帅、感情专一并且性格良好男人的几率，就好像走在路上突然被钱砸到那么小。因此，千万不要苛求刚刚认识的他能立刻达到你理想中的状态。如果遇到像经济适用男这种适合于长线投资的男人，应该首先好好把握，然后再将他慢慢“培养”成希望中的模样。

4 为爱情投资，但别透支
——淑女培训班与豪门之路

情金PK的那些事儿…

看多了电视剧里上流社会的歌舞升平，我突然萌生了嫁入豪门的念头，这样就可以过上衣食无忧的生活，即使面对再贵的东西也不用在店外徘徊，忍受店员异样的目光了。机会很快就来了，在一次公司酒会中，我认识了年轻有为的公司经理。本以为可以实现梦想，却在交往中发现我们就像是生活在两个世界的人，他说的红酒、马术我一窍不通，结果第一次约会就以失败告终。

有了这次经历后，我决心改变自己。我热衷于参加各种培训班，提高自己的品位和修养。虽然这些高级培训班往往价格不菲：红酒品鉴，3000元；马术，12000元；连一个教人如何嫁入豪门的淑女培训班都要8000元……

一圈培训下来，我的知识和品位倒真的提高不少，想到这样就可以为嫁入豪门铺平道路，花再多的钱也在所不惜。眼看着辛苦赚来的钱像流水般不断花出去，理想中的有情人却迟迟不出现。好不容易遇上几个对眼的，不是喜欢炒股就是爱好足球，偏偏我对这些一点兴趣也没有。只好再去培训班学习，于是又掉进培训的无底洞。花出去这么多，却总看不到回报，看着一堆的培训班学费单，我真是欲哭无泪。

恋爱面面观&消费智囊团

对于吃饭购物都要自己花钱的“月光女神”，要将钱投资在这些所谓“淑女培训班”上着实不是件简单的事。精神上的提升是一件看不见摸不着的东西，到底有没有效果，也是仁者见仁、智者见智。平时可怜巴巴地将一分钱掰成两分钱过，却愿意将收入的一大半贡献出来，想必是有一种强大的信念在支撑着她们。这种信念就是：我一定要嫁个有钱人！

理想观VS量力而行

◎将爱情当做事业一样经营

我们将那些像找工作一样找对象、像经营事业一样经营爱情的人，称作“婚活族”。

“婚活族”的概念最早来自于日本著名社会学家山田昌弘撰写的《婚活时代》一书，里面主人公“婚活”的故事受到许多年轻女孩的热捧。她们多是一些平凡女孩子，但她们不甘平庸，整天梦想着能够享受上流社会的生活，因为自身能力不够，就会想要通过婚姻来实现这一梦想。

“婚活族”们一方面积极做着提升自我的准备，参加各种健身、社交礼仪、高尔夫等活动的培训班，一方面频繁出入各种聚会、音乐会、慈善晚宴等高级场合，一旦发现合适的人选，就会想方设法展开追求，达到通过结婚跻身上流社会的目的。比如前几年武汉大学开设了国学班，一开班就受到了很多女性的青睐。虽然上课价格不菲，但她们普遍认为这不仅能让自己获得提升，更重要的是能够增加婚嫁的资本。相比起嫁入豪门后拥有的资产，这些投资几乎是可以忽略不计的。

平时可怜巴巴地将一分钱掰成两分钱过，却愿意将收入的一大半贡献出来，想必是有一种强大的信念在支撑着她们。这种信念就是：我一定要嫁个有钱人！

◎不为莫须有的高消费透支精力

参加这些名目繁多的淑女培训班，真的能把女孩们送入理想的婚姻殿堂吗？观察一下身边那些嫁得好的女孩子，并不是个个都十八般武艺样样精通的。如果很难达到嫁个有钱人的目的，那这些钱花得值不值就值得商榷了。如果在没有考虑自身能力与需求的情况下就盲目参加淑女培训班，也许最后的结局并非是美满的爱情，而是高筑的债台。

恋爱是一门学问，能够获得幸福爱情的人必定有自己的独到之处，重要的是这个独到之处是否是对方看重的。不是每个有钱人都喜欢钻研高尔夫几杆进洞，或是思考这瓶红酒是82年的好喝还是83年的香味更馥郁。既然是高品位的生活，要掌握它就必定要花费更多，所以这些培训班往往价格不菲，不是一般人能够承受得起的。你可以刷信用卡，也可以动用你的嫁妆钱，但这只会让你背负沉重的经济负担甚至债务而已。当然，如果你赚的钱足够支付这些培训班费用，那么也不妨一试，可以尝试用它们来充实自己，但千万要量力而行，不要让自己的脊梁被债务压弯。

恨嫁观vs聪明投资

◎只有嫁个有钱人将来生活才安稳吗

对很多女性来说，“嫁得好”这一课题，是必须为之努力奋斗的事业。很多社会团体、培训机构就是看准了女人种“恨嫁”心理，纷纷组织各种活动、开设培训班，为她们牵线搭桥。对于收入有限的年轻女孩来说，这些费用无疑是一笔沉重的负担。但一想到可以因此增加嫁得好的机会，她们宁可在平时生活中苛限自己，也要把钱节省下来用在自我包装和提升上。虽说是打着自我充实的旗号，但目的昭然若揭。如若没有想要嫁个有钱人的坚定信念，还有理想的婚后生活可以幻想，又怎么会狠心将自己的辛苦钱投入培训班的腰包。

◎将财力集中在某一个火力点上

如果你坚持认为一定要通过培训班才能找到理想中的爱情，那么将自己的财力集中在某一门急需掌握的技能上，也算上策。比如你认为学会高尔夫能让你更加接近成功男士，它的培训课程需要支付的学费为7000美元左右，那么在做这笔投资之后，就应该尽量将课程作用最大化，真正把它学好学精，让这笔投资发挥它最大的作用。在这期间，尽量减少其他的开支，更不要将剩余的钱用作其他风险投资项目。这样才能保证不虚掷钱财，同时等待高尔夫技能给你带来应有的回报。

财女贴士

高投资不一定代表高回报，有时更象征着高风险。在投入这笔资金之前，你首先应该衡量一下获得回报的可能性，并思考是否有其他的实现方法。嫁给有钱人既然是个梦想，那么梦想即意味着实现的可能性较小，是否值得花费过多时间和精力去做呢？小心一时冲动做出的选择，让辛辛苦苦攒下的钱都付诸东流了。

5 爱的代价
——你为自己的爱情做好预算了吗？

真是不谈恋爱不知道，原来爱情是这个世界上最花钱的事情之一。听朋友们说，谈恋爱的时候一般都是男生花钱，女生只需要等着吃“霸王餐”就可以了。可后来我才发现，在爱情里，并不存在一个人的单方面付出，特别是在金钱方面。

和男友恋爱时间不长，虽然大多数约会时都是他请吃饭，但每次总让他出钱，我也觉得挺不好意思的，偶尔也会请个一顿两顿，时间一长，也是一笔不小的开销；除此之外，恋爱后的电话费、交通费这些费用，也突然都疯涨了起来；每次情人节或是圣诞节，出门约会就更加隆重了，不仅外出用餐的消费不菲，买礼物送给对方也要花钱……

我俩都是刚走入社会的小白领，每月那点工资哪经得起这样折腾？每次还不到月底，钱包就变得瘪瘪的。相比起我来，男友的经济负担就更重了，有时候还不得不想尽各种理由，让父母“接济接济”。我俩的恋情现在还没在双方父母面前公开，可要是长期这么下去，首先就得从经济状况上“露馅”了。想起来，还真不是滋味。

恋爱面面观&消费智囊团

当你终于遇到了心仪的人选，展开一段美好的恋情，那么经济问题也会随之而来。恋爱有时候很简单，只要心心相印，再难的问题也有可寻求的解决渠道；但恋爱有时候也很复杂，绝不止是两个人在一起就可以，更不是用甜言蜜语维护它就足够，这其中，恋爱的消费的问题就让许多年轻人品尝到了爱情的尴尬。

代价观VS必不可少

◎浪漫的爱情是需要代价的

恋爱之后，两个人在一起的时间多了起来，花钱是必不可少的，这就产生了恋爱消费。特别是刚开始恋爱的两个人，正是你侬我侬的甜蜜时期，制造约会的浪漫是必不可少的。情人节的鲜花、巧克力、烛光晚餐……每浪漫一次的结果就是两个人都花掉很多钱，而原本这些钱是可以做很多事情的。这对于没有太多积蓄的人来说，代价还是有点高昂；再加上资金只有流出没有进入，也难怪会出现钱总是比想象中的要花得快的情况。

◎谁都无法避免的恋爱消费

在计算恋爱消费的时候，除了请吃饭等开销之外，恋爱初期还有一些“另类”花销是不能不考虑的，这些都必须被算在恋爱的预算账单里。

1.电话费：情侣之间一项巨大的开支，那就是电话费。尤其在恋爱刚开始不久时，情侣之间每次分开，手机就成了必不可少的工具。两个人只要发发短信、打打电话，这手机费就可能呈几何数量增长。普通的单身一族在正常情况下，如果不是工作需要，基本每个月的手机费能够保持在百元以内，但是一旦进入恋爱的状态，每月的手机费很容易突破一百大关；以后的每个月，手机费都会呈上涨趋势，这样下去，钱够用才怪。

2.请女友的朋友吃饭：许多男生和女生确立了恋爱关系后，还有一项很“奇怪”的花销非常流行，而且不可避免，那就是请女友的好朋友吃饭。这样既讨好了女友的朋友，也让女友有面子。而且请她们吃饭还不能在食堂敷衍了事，起码得找个像样的餐馆，一次就得花上百。

3.交通费用：交通费历来就是恋爱消费中的一项较大的开支，挤着公交去约会的大有人在。可是双方的关系还没有到一定的程度，两个人对于自己在对方心目中的形象还是挺在意的。好不容易弄好的造型，化好的妆，一到公交车上就都挤没了，两个人都会变得狼狈不堪；更何况一趟逛街下来，两个人的脚都软了，再让女生去挤公交，男生也抹不开面子，还是乘出租车吧。就这样，一笔不菲的出租车开销也就应运而生，公然列入了恋爱消费中。

恋爱有时候也很复杂，绝不止是两个人在一起就够了，更不是用甜言蜜语维护它就足够，这其中，恋爱的消费的问题就让许多年轻人品尝到了爱情的尴尬。

糊涂消费观VS爱情预算

◎明明白白恋爱，稀里糊涂花钱

有些人在选择恋爱对象的时候挑三拣四，要帅、要有钱、要温柔体贴……简直是精挑细选，各方标准一点都不含糊。可是一到了恋爱时期，对于恋爱中的消费问题却糊涂得很，直到每个月出现了财政危机，才突然发现自己在不知不觉中用掉了一大笔钱，而且还没有留下什么“纪念”，就这么稀里糊涂地花掉了自己的生活费。

实际上，虽然恋爱花销和爱情本身并没有什么直接的联系，但也是构成完美爱情的重要一部分。恋爱的花费多少，影响到两个人的爱情品质、经济生活，甚至是未来的婚姻，因此决不能小觑。

◎为爱情做好预算，做恋爱的明白人

年轻人谈恋爱时的年龄段往往正是喜欢追求时尚、渴望浪漫的时期，但是又缺乏足够的理性消费态度，对爱情的浪漫程度要求颇高，而这一切都是以物质条件为基础的。在没有一定经济观念的前提下进行恋爱，为爱情的过度消费买单就成了必然的情况。

情侣之间，适当的爱情消费是可以的，但是不能过度。应该为自己的恋爱做一个大致的预算。这个预算不一定要明确到为对方或是为爱情花费多少钱，而是应该尽量做到理智消费。不要将爱情的定义局限在“对方为我花了多少钱”上，特别是女生，不要过度花男生的钱，也不要盲目地付出。做到该花的时候花，该节省的时候节省，爱情的路有很长，不要急于一时的付出，这样才能让双方更加信任，增进感情。

财富贴士

恋爱消费是爱情的附属品，既然走上爱情这条路，适当的花销是在所难免的，同时，恋爱消费也是一把双刃剑，使用恰当，能为爱情锦上添花；若是使用不当，则很可能会让爱情滑落痛苦的深渊。虽然不一定能做到在恋爱消费时每一笔账都明明了了，但是要记得为自己的爱情计算好投资成本，这样才不至于“赔了夫人又折兵”。

不花钱的随堂测试——陪逛的艺术

老实说，我最讨厌的就是跟男生一起逛街，总觉得浑身不自在。反过来说，男生应该也不喜欢和女生逛街吧，不过正因为如此，我在刚刚认识男生的时候总是特地拉着他们一块逛街。所谓的“醉翁之意不在酒”，可别小看了逛街，这可不仅仅是一次体力与审美的较量，更是一次性格大考验！我曾经很多次亲眼目睹，原本亲密无间的情侣们在逛街的过程中，因为一些鸡毛蒜皮的小事而争吵，同时也会暴露出与平时不一样的一面，所以说，这是试探男人最好不过的方法了。

上周末的时候，我和相亲对象约在了市中心的购物广场碰面，吃过饭之后我提议到商场去逛逛，他倒是很爽快地答应了。这一次我特地什么都没买，只是拉着他逛来逛去，不是说这件不好看，就是说那件价格太高，就是不下手买任何东西。而他的表现一直都良好，时不时还会提点建议什么的，连我自己都有点晕头转向了，他还是乐呵呵地跟在后面，在我逛衣服的时候，会冷不丁地递给我一杯奶茶……这些小举动让我对他的初次印象还不错，应该是个性格和脾气都不错的人，也约好了下次见面的时间。虽然这一次他通过了我的“测试”，但是还不能由此下定论，毕竟是第一次见面，这不过还是个开始呢。

五月天的《恋爱ING》里曾经唱到：“陪你熬夜聊天到爆肝也没关系，陪你逛街逛到扁平足也没关系……”如果拥有这样的男友，估计会感动不少恋爱中的女生吧。只不过现实却往往不尽如人意。俗话说“女为悦己者容”，女人们辛苦打扮自己，很大原因是为了让自己的那位他赏心悦目，自然少不了逛街。但奇怪的是，男人们通常宁愿陪着女人看电影、唱KTV、户外郊游，偏偏不愿意陪逛。他们何时才会懂，女人逛的不是街，是爱情啊。

挺逛观VS强调目的性

◎陪逛既是男人的责任又是义务

爱逛街是大多数女人的天性，是生活中一个不可或缺的重要内容；而且，最好是能拖上三五好友，一起血拼一番。等到有了男朋友之后，陪逛的重担自然就落在了男友的身上。对于要男友陪逛的理由，自然是丰富多彩。首先，既然爱我，就不应该拒绝陪我做任何事，包括逛街；其次，打扮来打扮去还不是为了让他赏心悦目，让他有面子，最大受益者是他，当然得由他陪；买东西还得要他付账，不陪怎么行；再说了，不逛街，怎么增进感情？怎么知道彼此的生活品位，怎么知道他喜欢女生什么样的打扮，怎么知道他为我买单爽不爽快，是不是有耐心陪我走到底呢？这一切的一切，可比一切的考验来得真实有效得多啊。所以，要选逛街的良伴，男友当然是不二的人选咯。

◎逛街的主旨不在于花钱，而在于“逛”

女人喜欢逛街，但并不一定都是为了购物。在一定程度上，逛街可以说已经是女人的一种品位和乐趣，更是一次对于女人好奇心的满足，以及对流行时尚把握的机会。

对于财力不是很殷实的女人来说，在更多时候，逛街其实是在“挂眼科”，即光看不买。这是一种饱眼福的享受，在无形中增加了之后在同事或姐妹中的谈资，掌握了流行趋势的话语权；更重要的是，逛街还是一种展示。霓虹灯下，繁华的街道，琳琅满目的商场就是一个最炫目的舞台，女人在逛街的同时，是对自己的容貌、身材和着装的全面展示。容貌、气质，或是充满个性的服装和妆容，在收获别人的目光的同时，也是对女人内心的“虚荣心”的最大满足，从中收获许多的自信，让心情更加愉快。

但是男人似乎很少能够明白这一点，不知道女人们为什么每天拾掇那么长时间出门，逛一整天，却什么都不买。表面上看起来是浪费时间，实际上却是女人最为得意和惬意的生活方式。如果能够理解到这一点，男人们就不应该对于陪逛怨声载道了，所谓“男女搭配，逛街不累”，恋情也就在逛街的途中越来越甜蜜了。

俗话说『女为悦己者容』，女人们辛苦打扮自己，很大原因是为了让自己的那位他赏心悦目，自然少不了逛街。但奇怪的是，男人们通常宁愿陪着女人看电影、唱KTV、户外郊游，偏偏不愿意陪逛。他们何时才会懂，女人逛的不是街，是爱情啊。

测试观VS真假购物狂

◎陪逛是一场不花钱的测试

有80%以上的男人非常不愿意陪女人逛街，甚至有人说："要逼疯一个男人很容易，拉他逛街就可以了。"这句话道出了男人们的普遍心态。走在商场中，到处都可以看到歪坐在椅子上的满脸倦容的男士们。每每看到这一幕，女人们就不乐意了：不就是让你们陪着逛逛吗？又没走多远的路，也没有提多重的东西，甚至到目前为止还没有让你们有掏钱的机会呢。而这也正是让男士们感觉到郁闷的地方。

和男人们购物直奔目的地的方式不同，女人们往往在进行购物选择时更倾向于犹豫不决，往往逛上一天还是不能买到自己心仪的东西；在男人们看来很容易做出决定的时候，她们却依然在为了一些微小的瑕疵斤斤计较。一天逛下来，两手空空地回家不说，还要抱怨没有买到想买的东西，心情多么多么不好。

这一切都足以让许多平时脾气还不错的男人们抓狂，甚至在逛街的途中就忍不住大动肝火，为了一些鸡毛蒜皮的小事和女友吵架，有时候甚至还会造成感情的破裂。因此，在恋爱前，对于一些爱逛街的女生来说，考察一下这个未来的男友是否是个良好的陪逛伴侣，就成为了许多女生的测试手段之一。逛街时男人表现的许多微小细节，都将成为决定是否应该交往的证据之一。一些男人在和女生第一次见面后就不明不白地被"out"了，估计就是逛街这个"随堂小考"没有及格的缘故。

◎只是试试他愿不愿意买单

陪逛之所以是一个对于男人的隐匿测试，是因为逛街中包含了太多的不预知的因素，而这些因素恰好就在不自觉中对于人们的性格和修养做出了最好的诠释。

比如说，在约定的逛街时间，是否有准时到达，对于一项人们不太热衷或不愿意的事情来说，迟到是家常便饭，但是有修养的人是不会这样的；逛街时，是否主动地承担起"搬运工"这一职责，乖乖地跟在女生旁边，拎着满满的东西却没有怨言，这才是有绅士风度的表现；当女生在试用商品时，他是否在旁边唉声叹气，或是不停地看手表，又或是以吸烟等理由拒绝进入商店，这都是女生们最不愿意看到的，同样是没有礼貌的表现，最好是给予适当的建议，并适时地进行赞美，是一个男人浪漫又有礼貌的成熟表现。

尤其值得注意的是，那就是陪逛过程中的买单。一般来说，第一次见面的男女双方，即使是逛街，也是"意不在此"，对于女生而言，礼貌地做法就是不要购买价格昂贵的商品。一来会给对方造成心理负担，不知道是不是该为你的购买行为买单；二来也会给对方留下不懂礼貌的不好印象。虽然在约会过程中，多半情况下是由男生买单，但是在关系还没有确定之前，最好不要产生额外的消费关系，否则会不利于两人的继续交往。

财女贴士

虽然将陪逛看做是一场“测试”，但是这也是在约会过程中通过自己的细微观察得出的结论而已。如上文所言，这只是一场“随堂小考”，并不能因此而对对方的品行盖棺定论。所以最好是能够多进行几次接触，才进行综合地评价。另外，也不要故意地制造某些“事端”对对方进行试探，否则一旦你的计划“败露”，反而可能给别人留下无理取闹的印象。

7 票子与面子——恋爱初期消费谁来买单

情金PK的那些事儿…

我和男友相识在大学期间。那个时候才读大一，而男友是我的学长，也不过才大二而已。身为学生，我们每个月的生活费都很少，我是每个月500，他要多一点，大概是700左右。这些生活费如果只是用来吃饭、买教辅书是没有什么问题的。但是自从恋爱后，两个人就基本上在一起吃饭，一起出去玩，这样一来，花销就比一个人的时候多了很多。而毕业之后，我俩刚参加工作没多久，各自的工资也都不高，小日子过得紧巴巴的。

就拿上一周来说，周末我们去了市中心逛街，先在一家西餐厅吃饭，花了200；然后去逛街买衣服，我买了一条裙子、他买了一双帆布鞋，花了600多；然后去看电影，花了115；还有中间买的一些小吃啊什么的，这一趟下来花了将近1000块钱，而且全是他付的账。我买裙子的时候本想自己付账来着，但他就是不肯，还说："哪能让自己的女朋友付钱！"我听着虽然很感动，但是一想到一周就花光了他一个月的工资还不止，那他接下来的生活可怎么过啊。我说让他用我的钱吃饭，他又不肯。唉，这样下去，也不是办法，下次还是我帮他分担一点花销好了，虽然我知道他一定不会同意的。

恋爱面面观&消费智囊团

恋爱初期的消费总是一个困扰年轻人的问题，不管是男生还是女生，在恋爱之后花销就会呈直线增长。比如说吃饭、喝咖啡、泡吧、看电影、旅游等，这些钱应该由谁来支付更符合道理呢？每次都让男生付，似乎不太合适；如果都要女生付，那就更不合适了；你付一次我付一次，看上去似乎最符合"各不相欠"的公平原则，却会显得过于见外，让感情也变得生疏起来。在这恋爱的初期阶段，付账的问题着实让恋爱双方变得有点尴尬了。处理不好的话，还有可能造成两个人的误会，让感情出现危机。如果因为这样的问题而让感情蒙上阴影，就有点得不偿失了。

面子观VS公平消费

◎打肿脸充胖子的买单者

在恋爱的初期，虽然约会的次数不是很多，但此时正是双方表露心迹的重要阶段，因此在约会的时候，该花的钱一分都不能省。按理说，爱情是男女双方的事情，开销也应该由两人共同来承担。但是在现实中，恋爱时候的花销多数情况下都是由男方来负担：不仅吃饭要买单，隔三差五送玫瑰花、送礼物也要花钱，虽然这对于经济条件较好的人来说不算什么。但是对于经济条件一般的人，特别是学生、刚毕业不久的上班族来说，就是一笔不小的负担，很多人为了维护自己男子汉的形象和面子，只好打肿脸充胖子，在把钱花光之后，自己节俭度日。虽说为了爱情付出心甘情愿，但时间久了，难免也会心生不快。

而作为恋爱的另一方，女生们虽然不会像男生一样需要花费那么多的钱，但是看到每次都由男生来掏钱，女生往往也会觉得过意不去，想要掏钱吧，又总是被对方拦下来；要是对方不拦，反过来心里也会有点不舒服——买单的问题真难解决啊。

恋爱初期的消费总是一个困扰年轻人的问题，不管是男生还是女生，在恋爱之后花销就会呈直线增长。比如说吃饭、喝咖啡、泡吧、看电影、旅游等，这些钱应该由谁来支付更符合道理呢？

◎“AA制”，有利于公平，不利于感情

随着社会的发展，现代的女生已经变得越来越独立、越来越自我了，因此在经济上，也不会完全依靠男人。每次约会的时候，哪怕是路边吃一碗面，也会坚持各付各的账；在节日或生日的时候，还会互送礼物，总之绝不发生经济上的纠葛。但这种做法往往会让男生觉得很尴尬，因为这对于他们来说是一种质疑，似乎是一种对感情的“否定”，至少从中国的传统观念来说，女朋友花男生的钱是无可厚非的。

诚然，实行经济上完全的“AA制”，确实可以避免一些经济上的困扰。但是这样做就显得感情的味道淡了许多，将两个人的距离拉开了，关键就在于看看当事人的感受。因为在恋爱的不同阶段，恋爱消费多少会受到情感的影响。但是爱情并不一定要通过金钱才能表达，现在大多数人都是独生子女，与其花着父母给的钱买浪漫，还不如多回去孝敬父母，或者将多余的钱存起来，为今后的生活做好打算，而非用在取悦女友身上。所以，从理性的角度考虑，在还没有确立婚姻目标的情况下，最好不要在经济上发生太多的交错，这对于任何一种恋爱结果，都是利大于弊的。

"甩手掌柜"观VS"利用"感情

◎恋爱消费与女生无关

虽然在恋爱的初期的消费，通常是由男生来买单，但需要记住的是，这并不意味着可以在约会的时候，揣着空空的钱包出门，在结账的时候翘着二郎腿，好像约会由对方花钱是天经地义的事情一样，由此一来，恋爱的时候就变成了一不管二不管的"甩手掌柜"，自己在前面拼命消费，对方拿着钱在后面只有付账的份。

这也难怪为什么男生们虽然一面照常为爱情买单，一面却在心里对这样的消费方式颇有微词。他们的想法往往是这样的："虽然我并不介意由我买单，可你也不要把这一切都视作理所当然！"如果女生对男生这样的心态浑然不觉，这样就很有可能在他们心里埋下埋怨的种子，一旦某一天被触发后，很有可能成为引发"战争"的导火索。很多曾经相爱的男女就是因为这些被忽视的经济问题而破坏了关系，由金钱引起的小小芥蒂，因为没有得到足够的重视，在悄然不觉中慢慢发芽，等到发展到不可收拾的地步，男生很可能忍无可忍，甚至就此被迫分手，大好姻缘从此一刀两断，让人叹息不已。

◎恋爱消费打好感情牌

在恋爱消费这件事上，不仅仅是个谁来买单的问题，还是个关乎礼节的技巧问题。正常情况下，都是由男生来买单，虽然人家嘴上不说，但心里是否真的愿意花这个钱，那可就不一定了。

通常情况下，男人之所以愿意买单，一方面是出于礼貌，另一方面是出于对对方的喜爱，并且这份喜爱是希望得到回报的。这个回报并不是指在下次吃饭时将花的钱如数"还"回来，而是希望能够得到情感方面的满足。比如说，在请客吃饭后，报以真诚的感谢，在临别的时候多几句叮咛，平时多一些赞美……这些小举动会给男生很多的鼓励，就不会觉得自己的付出是毫无意义的，这样一来，即使是每次吃饭都由他们掏钱，也会更加开心一些，同时也利于感情的培养。相反，如果你把男生买单当作理所当然、天经地义的事，难免会让男生心生小小的愤懑之情。

所以，在每次买单的时候，女生们千万不要嘴巴一擦就等着男生付账，这样即使男生有想要"AA制"的想法，也不好意思表现出来，但是在心里却对你的印象大打折扣。礼仪中比较讲究的一点就是虽然礼未到，心意要到。虽然知道最后付账的多半是对方，但并不意味着就要表现出理所当然是对方付账的样子。至少要在邻近付账的时候，表现出付账的想法和行动，如果对方一再坚持不需要你来买单，这才可以将自己的钱包收起来，让对方感受到了你的心意也是好的。但是切记不可耍小聪明，以为男生最后一定会付账，而摆出“空城计”——实际上没有带钱却抢着要付账。一旦对方突然觉得AA也不错，那你可就只剩下傻眼的份了。

财女贴士

没有人规定约会的钱必须得男方来负责，特别是在恋爱的初期，恋爱关系还没有完全确定，这个时候最好能够让两个人的消费公平化，既减少了双方的恋爱投资，也能给对方留下独立自主的形象。要知道，男人的钱也赚得不容易，一点一滴都是辛苦得来，没有必要花在不一定有回报的投资上。

小心谈一场无效恋爱
——恋爱合同有效吗？

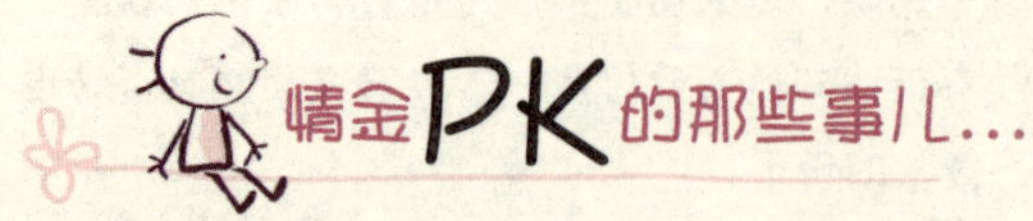

情金PK的那些事儿…

在朋友的介绍下，我认识了帅气的男生小A。从外表来看，他确实非常符合我心目中白马王子的标准，长得高高帅帅的，给人一种非常沉稳的感觉。于是没过多久，我们就确定了恋爱关系。

不过身边有这么一个帅哥男朋友，心里总是非常不踏实，特别是在逛街时，看到其他女生对他投来的眼光，我就觉得浑身不自在。我把这想法告诉了朋友，朋友建议说："你何不和他签订一个恋爱合同呢，这样就可以保证你在恋爱中不吃亏啊。"我当时听了很诧异：这样也可以？朋友笑话我落伍了，她告诉我，如今无论恋爱还是结婚，大家的心态都很现实，反正男友现在爱着你宠着你，就让他签订个恋爱合同，才能狠狠地"拴"住他呀。

我当时一时冲动，听从了朋友的想法，跟男友软磨硬泡，非让他签个"恋爱合同"不可。男友拿我没办法，就半开玩笑半认真地答应了。我本以为可以从此高枕无忧地谈恋爱，没想到却给自己惹上了一个大麻烦。

从那以后，每次约会男友迟到，或是在重大的节假日没有送礼物时，我就搬出我们签订的合同，非要他履行合同里面的"惩罚"不可，通常都是请我吃饭将功补过，严重的错误会要求他缴纳一定的"罚款"存在我们的共同账户里，分手时账户里的剩余存款全部归我所有。刚开始他还接受，可是慢慢地，他似乎对我总拿这份合同来说事感到不满。有一次，他因为堵车约会迟到，我叫他去存"罚款"，他沉默了一会说，我不想再这样了。然后转身离去，就这样消失在了我的生活中。

恋爱面面观&消费智囊团

恋爱合同就是在确定恋爱关系之时，就恋情达成的一种契约。像现在流行的"爱情保险"、"忠诚协议"，以及在婚前可能出现的"婚前协议"，虽然表现形式不一样，但是基本上大同小异。目前社会上已经有越来越多的人热衷于签订这样的合同，至于恋爱合同究竟有没有捆绑住爱情，就不得而知了。

爱情交换观VS法律性

◎用恋情长短来交换物品

在各种恋爱合同中，有一种非常引人注目，那就是用恋情的长短来换取男友购买的物品。这样的合同中通常都会写明进行交往的条件。也就是说，如果男方想要和女方交往，就必须履行合同中规定的为女方购买的物品的条款。购买的物品往往丰富多样，包括各种数码产品，例如高档手机、电脑等，还有名贵的化妆品，甚至还有房产之类的贵重“礼物”。这些礼物的赠送条件一般是女方答应与其交往，并且交往的时间越长，购买的物品价值就越多。

看似是一份不平等条约，但总是会有男人“上钩”。一来一份合同就可以抱得美人归，更何况很多男人都认为，一旦变成情侣关系，为女方购买一些礼物是正常的行为，是能够接受的；二来用交往时间的长短来规定礼物的价值，在一定程度上为恋爱的持续性提供了保证，并且通常都规定了一旦违约，对方将为此付出的“金钱”代价，可谓是比结婚证还要恐怖的捆绑协定。

特别是其中一些涉及物质和金钱支付以及交换的条款，可能会成为两人感情的桎梏，特别是产生矛盾的时候，这份恋爱“合同”可能会让两个人的感情雪上加霜。

◎爱情需要用合同来约束吗

我们平时经常看到的合同，通常都是买卖双方为了约束对方的责任和义务行为，而自愿签订的一份合约，这在商界的使用非常普遍。但是，恋人们签订“恋爱合同”是近几年才出现的事情。

恋爱合同根据个人的不同，签订的内容也不完全一样，有的是要求男友做到某一些事情，比如每天按时接送上下班，或是节假日送花……这些都是为了增进感情而进行的一些情侣间的小游戏。但有越来越多的人，在“合同”上规定了如果违反合同中的相关条约，需要受到的“惩罚”通常都是罚款，或是用物质来进行补偿；也有的人明确地说明了用物质来交换感情的条款。

可能有人会质疑，这样的“合同”是否具有合法性呢？比如说，规定了一方由于出轨造成的分手要缴纳的分手费，是不是受到法律制约而非得缴纳呢？一般来说，一份附有义务的赠予条款的合同，规定了合同双方应该履行的责任和义务，没有与现行的法律法规相抵触，没有违反社会公序，也没有损害到他人的利益，并且是双方意愿的真实表现，从这个角度来说，这份合同是有效的。

情侣们在签订恋爱“合同”时，可能大部分都是抱着好玩的心态，并没有真正意识到其中的法律含义。特别是其中一些涉及物质和金钱支付以及交换的条款，可能会成为两人感情的桎梏，特别是产生矛盾的时候，这份恋爱“合同”可能会让两个人的感情雪上加霜。但是换一个角度来说，如果这份合同是自愿签订，自愿履行的话，从一定程度上来说，是可以保障当事人双方的利益的。

保障观VS一“纸”之约

◎恋爱合同让爱情有安全感

相比父辈们对于爱情的神圣，现代年轻人似乎更多地将爱情看做是生活中的一个调味品而已。这些人的爱情来得也快，去得也快，遵循的更多是“一眼情缘”的浪漫；另一部分人则将爱情作为了物质享受的一项依附品。这些观点让爱情变得有点让人难以把握，让恋爱的人失去了“安全感”，总觉得好像难以握在手中的感觉。

因此，恋爱“合同”的出现就成了一剂“稳定剂”，成了将爱情变成能抓在手中的一件真实的物品，好像这样才能保证爱情的有效。而签订了爱情合同的人是否真的得到了合同的保护呢？那可就因人而异了。

◎没有什么比“纸”更脆弱的了

人们常说，男人口中的承诺一点都不可靠，是算不得数的。怎样才叫可靠呢？白纸黑字写在纸上就可靠了么？

女人天生对于爱情就充满着不确定的心态，被喜欢花言巧语的男人“骗”多了，更加对爱失了信心，结婚证书都无法保证天长地久，那还有什么是可以相信的呢？于是有人想到，如果男人不能抓在手里，至少还能把钱抓住。正如亦舒在小说中说过：“我想要爱，很多很多爱，可是如果没有，那么请给我很多的钱。”在这样的心态之下，“恋爱合同”应运而生。

在恋爱合同里，通常都会对男女双方在恋爱中的责任和义务用金钱或是物质等东西进行规定，比如说最常见的，就是规定如果男女某一方因为不忠诚等因素造成的分手，过错一方要向另一方赔偿数额不等的精神损失费等。一旦双方同意签订这个“恋爱合同”，那么就意味着自愿遵守合同的条款，如果将来真的因为“劈腿”而分手，就应该无条件地履行自己的责任。

听起来，“恋爱合同”在很大程度上保护了恋爱中受伤害的一方，尽可能地减少在恋爱中受到的损失，但是即使签订了合同，也并不意味着会减少谈恋爱的风险。也就是说，并不会因为签订了这么一份合同，就让感情更加的坚固；反过来，这是一种对于爱情没有把握的人所出的下策，企图用一种“经济损失”作为感情的要挟：想要和我在一起？先送够东西再说，想分手？先算算你要赔多少钱吧。人们天真地以为，这样一来，就会让爱人的心更加坚定，至少谁也不想“赔了夫人又折兵”吧。可“合同”毕竟只是一张纸，相比感情，它更加的脆弱不堪，如果连爱情都没有办法保持牢固的话，一张纸又算得了什么呢，反倒给两人的爱情掺杂了许多不确定的因素。要知道，能拴住爱情的，只有两个相爱之人的心而已。

财女贴士

如果非要签订一份“恋爱合同”，并且要在这份合同中涉及到财产等经济问题的话，最好就严肃对待。建议咨询相关的律师，用法律的手段在最大程度上，保护恋爱权益。但如果仅仅是用签订合同的方法来为爱情加固的话，还是放弃这个想法比较好。爱情到了需要用“合同”来保障的地步，也就没什么意义了吧。

以爱情的名义保护地球
——低碳恋爱为爱情加分

情金PK的那些事儿…

作为一名资深的环保主义者，低碳生活这个词我是熟悉得不能再熟悉了。可那天和朋友们聊天的时候，我又听说了一个新名词，叫做“低碳恋爱”。第一次听说这词，我有些诧异，恋爱和低碳有什么关系？

朋友说，你落伍了吧，低碳恋爱和低碳生活是有共同点的。你瞧，生活中咱们要拒绝使用一次性筷子、一次性纸杯、一次性饭盒这些日常用品，这样可以节约自然资源，保护环境；而恋爱的时候，当然也要预防自己的恋爱变成不靠谱的“一次性恋爱”，爱惜自己的真心真情，绝不将它浪费在不值得的男人身上。那么，如何预防“一次性恋爱”呢？同一个人谈恋爱的时间越长，在恋爱中的消耗就越低，这就是所谓的“低碳恋爱”。

对于这种理念，我还是第一次听说。虽然平时在生活中还比较环保，但是丝毫没有想过这和爱情会有什么关系。如果按照低碳恋爱的观点，我确实有悖于“环保”的初衷。因为我的恋爱一直都不太顺利，偏偏又是个离了爱情就不能活的人，男朋友也是走马观花地换。回想起来，几乎每次恋爱都是从零开始，其中产生的恋爱消耗确实是一笔不少的开支。特别是失恋之后，情绪特别消沉，不仅自己心情不佳，还会向朋友们倾诉自己心中的不快，简直把他们当成了我的精神垃圾桶，也对大家造成了“情绪污染”。唉，一路走来，我的恋爱谈得也太不够“环保”了。

恋爱面面观&消费智囊团

现如今城市生活越来越繁忙，女性所承担的工作压力、生活压力都越来越重，这让我们相信只有对于物质的掌握，才能让自己生活得更好，于是，生活中的一切便都和钱有了密不可分的关系，连爱情也不能幸免。在挑男朋友的时候，把经济实力排在首位，恋爱后将高消费作为判断幸福的标准，结婚也一切按照高标准高规格来，生怕在人前失了面子。当把“面包”放在了爱情的前面，渴望的真挚长久的爱情，变成了一个永远相信却永远触摸不到的梦，转而被现实的物质所取代。可曾想到，这样的爱情不仅让我们生活的环境不堪重负，同时也伤害了我们自己。

多情观VS重情更环保

◎没有爱情就不能活

不能否认世界上有这么一群人，她们天生就为爱情而生，没有爱情就无法生活下去，不管是主动追求还是被动等待，爱情都是她们生命中不可缺少的一部分。

正因为如此，她们的感情世界非常丰富，总是在不断地挥别旧感情，然后投入新感情，这样一来，感情无形中变成了“一次性”的产物。而每一段新恋情，必定是以高档餐厅、大束玫瑰、奢侈礼物以及各种各样的高消费作为“节目”，虽然在一定程度上享受了极其丰富的物质生活，但单纯享受感情的快乐却越来越少。而一旦感情破裂，失恋的双方都会显示出情绪低落、意志消沉等消极状态，男人们会借用抽烟酗酒来排解忧愁，而女人们通常会疯狂地购物或是进食来度过这段时光……这都是导致恋爱碳排放量升高的原因。想象得到吗？爱情是否幸福和地球的环境保护居然有这么大的关联。

在恋爱中频繁地高消费，或是频繁地恋爱，都有可能直接或间接地造成环境地污染，不仅对爱情无利，甚至不小心成为了破坏地球生态的“凶手”。

◎以爱情的名义保护地球

以“低碳”的理念去经营爱情，拒绝一次性恋爱，已经成为现代生活中很流行的潮流理念。婚恋专家们经过调查分析后发现，在恋爱过程中的碳排放存在高低不同的节点，幸福与否会直接影响碳排放的结果。也就是说，在恋爱中频繁地高消费，或是频繁地恋爱，都有可能直接或间接地造成环境的污染，不仅对爱情无利，甚至不小心成为了破坏地球生态的“凶手”。 特别是现在流行的相亲，难免需要打扮，约会需要吃饭；如果一次相亲不成功，还要不断尝试与新的对象约会，这就不得不为失败的相亲“买单”……如此一来，多次相亲或是恋爱就意味着高成本无止境地累加，从相亲成功到结婚，这无疑是一次代价高昂的碳排放过程，给环境造成伤害。

当然，爱情上的“低碳”是一种态度而非能力。这并不是需要去多么抠门地算计爱情，去计算在感情的经营中关于交通、购物等消耗了多少的资源、增加了多少碳排放；而是指运用一种淡然的恋爱心态，去面对外部世界的喧嚣。

现在的年轻人多半都衣食无忧，在纷繁的物质面前，感情反倒失去了它原本重要的位置。相较于老一辈人的感情，虽然只是几封含蓄的情书，几次河边的深谈，几番朋友间无意的相聚，便有了深刻的情感交流，而并非物质的置换，这样的感情来得更加深厚和坚实。

即使你不是一个环保主义者，但没有人会无视爱情的重要性，在把握爱情的同时，对保护地球尽一点力，是每个人都能做到的。

高价约会观VS自然约会

◎约会就是个烧钱的活动

毫无疑问，享受女的约会主题词就是高消费。

花前月下的浪漫她们不是不喜欢，但是这里的“花”，当然不能是路上的小花小草，最好是一长溜的玫瑰或是郁金香；这里的“月”，当然也不能只是一轮空荡荡的明月挂在空中遥不可及，最好是一副带着如月亮光辉般美妙的昂贵首饰……这样的“花前月下”那才是享受女们期待的约会。这样一来，约会无疑成了一项烧钱的活动，一次约会下来，花掉的钱不少，而且还是一个一次性的消费行为，光一个价格不菲的首饰就足以让心情澎湃了，哪里还需要关注男主角是否具有真情实意呢？

◎爱情本身才是最浪漫的事儿

要做到低碳又浪漫的约会，其实很简单，那就是放弃那些有如仪式般繁重的约会，像自己的父辈们一样，回归自然本真，来一场别开生面的约会之旅。

约会的地点，可以不是商场和高级俱乐部。去逛逛公园，最好是那些游人相对较少，但是风景却丝毫不逊色的小公园。可以带上自己烹饪的小吃，带上几本想读却一直没有抽出空来读的好书，在凉风习习的自然天地中，谈谈心聊聊天，这顿只属于你们两个人的大餐就兼带了精神和物质的双重享受。

此外，还可以选择去一起游泳、跑步、打球，身体越来越健康的同时，感情也在运动中得到升华，既经济又实惠啊；或者带他一起去参加各种同城聚会，玩一点简单朴实却又新奇时尚的东西，比如说陶艺制作，重温一场经典的电影……都是让感情升温的好方法。

来一次简单的单车约会，既亲近自然又锻炼身体，还保护了空气；去郊外认养一片菜地，和他一起经营自己的菜园，让家人和朋友都吃上无公害的食品；自己动手在家制作一顿也许不那么美味的“烛光晚餐”，感受DIY的乐趣，比酒店的情人套餐更划算、更浪漫；用小盆栽代替玫瑰花，享受亲自栽培的乐趣……

这些活动都可以给爱情带来许多乐趣，并不一定需要高消费才能达到。用一种低碳的姿态来看待爱情，也是让心灵回归单纯的途径，在这样干净的氛围中交往，我们才会屏蔽物质对爱情的影响，让爱情更加牢固。

财女贴士

谈一场与物质无关的恋爱，并非毫无可能，需要的是对于爱情和生活一个豁达的心态。过多的计较物质的享受，会使恋爱的双方背负沉重的负担，增加恋爱失败的风险。反观“低碳”爱情，不仅花费的恋爱成本要低很多，让爱情充满浪漫，更能够为保护环境尽一份力哦。

给美丽投资——悦己者容，也要为自己省钱

情金PK的那些事儿…

在喜欢上那个男生之前，我就是个彻彻底底的假小子。闺蜜们都上街shopping买新衣服的时候，我还傻乎乎地穿着N年前学生时代的毛线衣和运动裤，还经常被男同事们私下笑话说是“犀利哥”的女生版。

若是在几个月前听到这种评价，我一点都不会在意，但是现在，我终于开始有点觉悟过来——莫非我喜欢的那个新来的小子，也是觉得我像“犀利姐”，所以才不会注意到我吗?越是这样想，越发觉得这是正确的。难怪女孩子总是会嫌自己的衣橱里永远都少了一件衣服，原来就是希望总是美美地出现在他的面前。这样一来，我不得不从我的日常开销中多计划一项出来，用于外部形象的包装。

可是许久不出门，这才发现原来现在商场里的东西都是这么贵啊，动辄就是几百上千的，这根本就不是吾等“无产阶级”所能承受的嘛，对于仍然是个职场新人的我来说，根本就无力承担。但是怎么办呢，还不是得买，为了爱情，我拼了！599的护肤品，买了！899的大衣，买了！还有这个户外装备，喜欢运动的他肯定需要，1050，咬咬牙，买了送给他……这样下来，我一下子就从一个从不出门，所有钱都攒着的富翁变成了“负翁”，这样下去，爱情还没有进展，我自己倒是被穷死了。

古人说过，“女为悦己者容”，很多女孩子都是在爱上一个人之后，才真正体会到这句话的含义。爱美是女孩天生的权利，打扮得赏心悦目不仅让自己的心情非常欢畅，也能让心仪的他忍不住多瞄几眼。虽然美丽并不是获得爱情的唯一理由，但谁不希望听到他由衷地赞叹：“你真美！”因此，以爱情的名义消费就成了很多人堂而皇之的理由。

舍得观VS保持理性

◎在形象的包装上要舍，在爱情上才有得

在说到“购物狂”这个词的时候，男人们脑海里出现的往往是女人们提着大包小包在商场里血拼的模样。可女人们的理由很充分：不是有句话说得好吗——你负责赚钱养家，我负责貌美如花。男人和女人的分工就是不一样，要真想反过来，也没问题，女人也可以自己买花戴。总而言之，这穿衣打扮的事情是绝对不能省的。即使不是为了取悦男人，取悦一下自己也是可以的。

不能否认的是，大多数的女人在恋爱之后，会比以前更加喜欢购物，喜欢把自己打扮得漂漂亮亮，让他每天都能看到不一样的自己。本着“衣柜里总是少了一件衣服”的规律，她们将越来越多的钱花在了梳妆打扮上，原本需要花几分钟考虑要不要买的东西，现在只需考虑几秒就可以去收银台付账了。也就是说，出现了比以往更加严重的冲动型消费，造成的结果是人不一定变得比以前更加漂亮，但钱包是实在瘪了不少，这个成本可不小。

只不过对于想要寻求美好爱情的女人来说，如果能用这一点钱换来一份满意的爱情，哪怕再多花一点都觉得是值得的，每每想到这点，她们那伸向钱包的手就更加坚定了。

我究竟需不需要这件东西？美丽毕竟只是爱情的附属品，吸引他的必定是内在多过外表；而如果他因为你的外表而爱上你的话，为这种男人把自己整成“月光”，到了月底惨兮兮地啃馒头那才是亏大了。

◎以爱情的名义消费不可取

身为女人，几乎都遇到过这样的情况：在约会之前看着满柜子的衣服，东挑西拣了老半天，却还是不知道应该穿哪件才好，好像这一件上次见他的时候穿过了，那一件还是去年流行的款式……怎么样搭配都觉得没有体现出美丽来，于是对自己说：“恩，没有衣服穿了。”在这种想法的驱动下，不断地给自己增添新的衣服，其实柜子里面却塞满了衣服。而在这种时候，即使知道当季的衣服几乎很少有折扣，却也还是忍不住掏腰包大买特买，被商家“痛宰”一番，谁叫新款穿着总是觉得漂亮一些呢。

这就是恋爱中女人们的共同特点，觉得自己再怎么打扮都不为过。人们都是感官动物，男人们尤其是如此，一个打

扮得体的女人在他们的眼里，可以掩盖在面貌和身材上的小小缺憾。这就正中了女人们的下怀——因为没有一个女人会觉得自己是完美的，因此才需要用穿着进行修饰，又正好是讨了爱人的欢喜，可谓是一举两得。

而对于女人来说，以爱情的名义购物似乎理所当然。女人在恋爱时会购物，女人失恋了更需要购物，这种时候的购物通常都不是靠理智去驱使。并不是因为缺少了某一类型的衣物才去购置，而是随性消费，被自己的情感所驱使，只要导购人员推销得热情一些，基本上都会成功地让女人们买下某些并不适合她们的东西。等到回去一看才发现："我怎么会买下这种东西呢？明明衣柜里有相同的款啊！"于是，买回来的新款又成了"压箱底"，女人们又会在盲目的冲动之下，去购买更多的衣服。

因此，在面对这种以爱情的名义进行的消费的时候，一定要多思考一下，扪心自问一番：我究竟需不需要这件东西？美丽毕竟只是爱情的附属品，吸引他的必定是内在多过外表；而如果他因为你的外表而爱上你的话，为这种男人把自己整成"月光"，到了月底惨兮兮地啃馒头那才是亏大了。

富养观VS体面省钱

◎打肿脸充胖子，实现富养原则

有一段时间，关于"男孩子要穷养，女孩子要富养"的说法在人们之间产生了很大的影响。很多女孩子听到这句话，好像就为自己找到了知音：终于为我们花钱、撒娇找到正当理由了！秉着女孩要"富养"的原则，处处"高标准"、"高规格"的要求自己。衣服只买商场的，因为名牌的衣服质量好，对皮肤和身材都有利；吃饭只去高级餐厅，因为那里氛围好，食物精致，一看就有档次……

女孩子确实要富养，但是这个"富"字，可不仅仅是物质上的富裕，而且是精神上的充实。明明没有这个经济实力，却要打肿脸充胖子，只会让自己变得负债累累，说不定连日常生活都成问题，这样"富养"出来的女性，又有什么"富裕"可言呢？不仅如此，还要连累男朋友也跟着实行和自己的经济实力并不相匹配的消费。背负着经济债务前行的爱情，又怎么能够走得远呢？

◎用最少的钱，买最IN的商品

钱多有钱多的过法，钱少也有钱少的过法，重要的是，都让自己购物购得开心，让恋情进展得顺心。不管是自己还是男友，赚钱都不是件容易的事情，何不用自己的智慧，将最少的钱发挥到最实用的地方，一样体现乐趣和品位。

团购：国庆假期打算和男友去旅行，这交通费、住宿等都是一笔不小的费用，要是放在以前，解决经费问题的方法就是直接用信用卡刷，反正钱花出去了也看不见，等还的时候再说呗。但是现在，在规划路线的同时，还要注意网上的各种团购信息。和一个人的出行相比，多人出行各个旅游景点或是公司都会给出更加优惠的价格。所以不妨多邀几对好朋友情侣，大家一起出行，就能够以低廉的价格享受一样的服务了。

代购：看中了商场里的名牌衣服，但价格却总是很惊人，令人望而生怯。这个时候千万别一时冲动"咬牙"挨宰，要努力压制住自己的购物欲望——先去网上找一下代购再说。网上经常会有很多的代购商铺，用低于实体店几成的价格实行代购。只要在实体店将款式和大小试好，再去网上搜寻相关的品牌代购，一定会有所收获，同时，也保住了钱包里的钱。同样，代购也适用于女生常用的化妆品和护肤品等。

电子优惠券：现在很多的商家为了招揽顾客，会发行一些电子优惠券，只要在网上将其打印下来，就可以直接在店铺中使用。像许多的餐厅、游乐场等娱乐场所，都接受相应的优惠券，平时约会的时候就可以为自己节省一大笔钱了。

财女贴士

购物是女人天性，但并不意味着就要当一个愚蠢的消费者。明知道优惠可以为自己省更多的钱，那为什么要去选择没有优惠的那一种呢？为了男朋友而花更多的钱包装自己没有错，但他们喜欢的，绝不会是一个习惯乱花钱的女人。适时的在他们面前表现出你"持家有道"的一面吧，说不定会更打动他的心呢。

爱上的是人，更是生活方式
——与成功男人谈恋爱

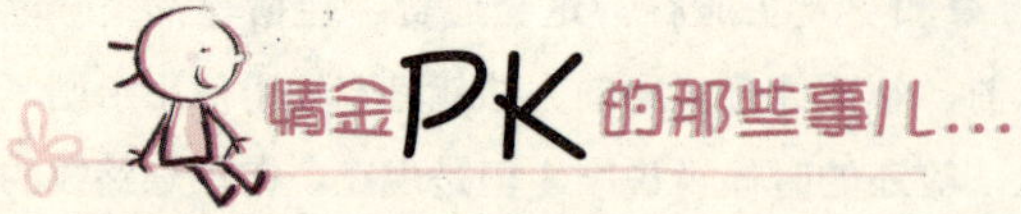

Fiona最近非常恼火，原因就是她又和男朋友分手了，这已经是她的第N任男友了。在别人看来，Fiona的男友随便挑一个出来那都是“极品”。帅气、多金，和这样的男人谈恋爱，放在大多数女孩身上那都是求之不得的事情。

其实，这并不是因为Fiona有多么的优秀，她也不过是平凡的女孩子中的一个。按她自己的说法，这要怪只能怪自己的第一个男朋友的“起点”太高。她从名牌大学毕业后，就进入了一家国际知名企业工作，围绕身边的都是事业有成男。她的第一个男友就是某投资公司的小开，身家近亿，让她从一个普通的小丫头变成了“女王”，生活也因此发生了巨大的改变。后来她与那位小开分手，身边也不乏各种各样的有钱男人，过着奢侈的生活，顶级跑车，坐过；燕鲍翅，常吃；LV，用着；属于自己的男人，没有。

毕业的时候，她立志在有自己的事业时找一个门当户对的人结婚，而结婚的时间，她给自己计划在大概26岁的时候；可是一转眼几年过去，她都已经29岁了，甜蜜的爱情不是没有，可总是只开花不结果，没有一个男人和她结婚。每次不是她看不上别人，就是别人已经有“内定”的结婚对象，这让她不禁感叹：找到一个足够成功的男人结婚，怎么就这么难呢？

在如今“年龄不是问题，婚姻不是难题”的指导思想下，找一个有钱人谈恋爱已经不是件什么新鲜事了。在这个爱情与婚姻可以分别对待的时代，年轻貌美的女孩愿意和一个相对成熟、事业有成的男人谈恋爱，得到的不仅仅是近乎宠溺的喜爱，更是毫无顾忌的物质生活的满足。这也许正是吸引她们的重要原因之一。而男人们也乐得和这样的女人交往，虽然交往双方目的不同，但是正好相互满足。

坐享其成观VS慧眼识珠

◎都是灰姑娘的故事惹的祸

童话故事中对女孩子们“荼毒”最深的，恐怕就是灰姑娘的故事了。因为这个故事灌输给人们一个观念：哪怕是表现得再平凡的女孩，只要能被王子发现，也有变成公主的一天。明知道自己不是公主，才会做灰姑娘的梦，只可惜灰姑娘太多，而王子太少，有点供不应求了。于是，有些明智的灰姑娘转而投奔了门当户对的男人，经过奋斗打拼，一样过上了类似于公主般的生活——没有人说公主就非得是穿金戴银、富可敌国的，主要要看你怎么想。

只有那么一小撮人（我们当然愿意相信有且仅有那么几个人），还傻傻地非要嫁个有钱人不可。事实不是明摆着的嘛，有钱人是那么好嫁的吗？事业特别成功的男人，要么就早早成了别人的老公，要么就为了利益而被安排了“内定”的正牌女友。明明知道自己也许是个“三儿”——隐婚是某些男人百试不爽的伎俩，也知道这是一段从一开始就被告知是没有结果的感情，也心甘情愿，但结果怎样？等到繁花开尽，眼看着身边的人一个个修成正果，抱着“可人儿”依偎在老公身边的模样，谁说她们就不幸福呢？

拜托，灰姑娘的故事早就不流行了，还在那等着呢？那就还是先练就个跳水之类的强项吧，拿几个世界金牌说不定就能入了豪门家族的“法眼”了。只是等到能做到这一点，人家该娶的都娶了，娃儿都满地跑了，还等着您呐。要真是这样，恐怕灰姑娘都要从书里跳出来，指着你的额头说，现实点吧，姑娘，想要等待一个童话般的结局，还不如买张彩票等着500万砸到自己头上来得有盼头呢。

一个叫基辛格的美国老头儿一语道破天机，他说：『权力是男人的春药』，当然，同样也是女人的，女人们都渴望享有它。

◎稀缺资源男人真正吸引人的究竟是什么

要想知道为什么女人都喜欢成功型男人，而对那些被称作“潜力股”的男人不屑一顾的原因，首先要知道，成功型男人究竟能带给女人什么。

毋庸置疑的是，好男人是稀缺资源，那种事业成功而且尚且单身的男人，尤其是众多女性幻想和争抢的对象。他们在女人眼中的魅力，可不是说他们是爱家疼老婆之辈。一个叫基辛格的美国老头儿一语道破天机，他说："权力是男人的春药。"当然，同样也是女人的，女人们都渴望享有它。

或许有人会产生疑问，这样也太片面了一点，难道事业不成功的男人就不优秀就不值得交往吗？当然不是。但不得不承认的是，有钱的人有机会接受更好的教育，有更加广阔的视野，无论面对什么样的状况，都能够从容不迫。特别在花钱满足女人的虚荣心时，他们的手不抖、心不疼。

在女人看来，反正爱情和婚姻根本就是两码事。因此，趁着自己年轻、有资本的时候，和一个成功男人谈恋爱，体验非一般的浪漫，换取一些钞票和虚荣心是一件稳赚不贴的事情。就好像进入了一个桃花源，满眼的奇珍美景，令人目不暇接……这些当然不是初出茅庐的小伙子能给得了的。

仅仅有钱并不为奇，但真正的成熟的男人，必定在待人处事中形成了自己独特的风格和生活方式，融合了英国古老绅士的谦逊、美国嬉皮士的奔放和法国贵族的浪漫，这是在物质基础上更吸引人的财富，才真正吸引人。

习惯观VS认清爱情

◎谈恋爱没有最好，只有更好

在和有钱的成功男人谈过恋爱后，哪怕最终不能达成结婚的最后目的，女人也会感慨说："与成功男人在一起的感觉真好，结不结婚又有什么关系呢，反正我还年轻。"这个想法看似很正确，毕竟享受当下是现在很流行的生活态度。但是有一个问题很有可能被她们忽略了，那就是人是一种永远只会向上追求的生物，也就是说易上不易下。特别是对于女人来说，她们的虚荣心是很难消除的，那也就意味着，穿惯了名牌的时装，再去逛夜市，就很难挑到满意的衣服。这也是导致现在大龄女青年的人数越来越多的原因之一。

按道理来说，在一个成功男人这所"学校"里毕业是一件好事，因为这样可以让女性的视野更加开阔，让她们的品位和修养得到很大的提升。但是那就得保证这样的一段恋情能够修成正果。找到一个合适的好男人本已不易，要将希望只寄托在找一个成功男人的身上未免有一点不切实际了。

◎爱上的不仅是一个人，更是一种生活方式

离开一个好男人并不可怕，可怕的是离开一个已经习惯的生活方式。可以想象一下，在和成功男人谈过恋爱之后，再和没有那么多钱的人谈恋爱，他不会买名牌香水给你，不会周末带你飞去马尔代夫潜水，取而代之的是西餐只能吃肯德基和必胜客，购物只能去平价商城，这个男人对你再好，也是无法取代之前那种生活带给你的满足感。原本以为进入了桃花源，却发现自己不过是个游客而已，转了一圈，羡慕了、嫉妒了，还是得回到现实的世界来；当然你也可以想尽办法留在那里，如果你对那些TVB电视剧剧情里呈现的争斗剧情有极大的兴趣的话，倒可以尝试一下。

如果只是平常人家的女儿，最终相配的还是平凡人家的儿子。不要不相信这个事实，因为人们在爱上一个人的时候，爱上的也是一种生活方式；有一天，你可能忘了这个人，但是却不一定能够离得了那种生活，这才是那些永远不能娶你的成功男人带给你的最大伤害。即使能够保证在一场感情中全身而退，却也不能确定拥有从某种生活状态中退出的能力，而往往这种改变对于女人来说是致命的。

所以，如果一个男人能给你带来所有你想要的，惟独没有婚姻，那么看看也就罢了吧，这样的男人电视剧里多的是，不要等到他影响了你的意识形态到生活习惯的方方面面之后，才发现你对他没有丝毫影响，这样的恋爱吃亏的只有、也只可能是女人。

财富贴士

那些一心想要和有钱人谈恋爱的女人，关于这样一段感情的利害关系，是需要慎重考虑的。在你确定开始这样一段恋情之前，一定要想清楚自己想要的究竟是什么，青春确实是资本，但却不是永久性资源，要记得在耗尽这个资源之前，为自己找到后路；如果没有这个能力，还是不要以身试法了吧。

猜心游戏，小心猜丢了爱情——了解他的优缺点

情金PK的那些事儿…

23岁的阳阳最近喜欢上了一个男生。说是“男生”，其实并不十分准确，因为对方已经34岁了，确确实实可以称之为男人。他的成熟、稳重和风趣，无一不像一块巨大的磁铁一样吸引着阳阳。

终于有一天，阳阳鼓起勇气和他表白，却遭到了拒绝。他的理由是年龄差距问题，阳阳表示并不介意；他又说，其实私底下他是个又宅又闷的人，和阳阳他们80后的生活方式有很大的不同，阳阳说那正好可以综合自己好动的毛病……阳阳执着地回答，令这个三十多岁的男人也有些招架不住，他说，其实自己对阳阳也有好感，但是担心两个人的交往观念会有很大的差距，既然阳阳并不介意，那么可以交往试试看。

一交往才知道，原来70年代出生的人和80年代出生的人，在思考问题的时候居然存在这么大的差距。最让阳阳不能忍受的一点就是，他面对阳阳的小任性，她的无理取闹，总是采取置之不理的态度，每次阳阳质问他，他也只是沉默；到后来，阳阳也不想问了，他更是觉得没必要回答，两个人的交流似乎越来越少了，最后还是只能以分手收场，落得一个“无言的结局”。

恋爱面面观&消费智囊团

经济学中有一个概念叫做“信息的不对称性”。原意是指在市场的交易中，买卖双方对产品的质量、性能等拥有的信息是不对称的，这样一来，造成后果就是双方的利益失衡。这条定义运用在恋爱中，就在于男女双方对彼此是否有足够的了解，也就是一个相知的过程。如果假设恋爱的双方都是对对方完全了解的话，那么在开始之前的选择也就更加有针对性，可以避免一定的恋爱矛盾。但现实能否做到这么理性呢?似乎有点难度，因为爱情是出了名的感性占主导，并不完全是理性思考能决定的。

隐瞒观VS还施彼身

◎只想展现最完美的自己

在恋爱开始之前，即使是遇到自己不认识的异性，人们会将自己最美好的一面展现给对方，而下意识地将缺点隐藏起来。比如说女生在约会前，总是需要花很长时间来进行梳妆打扮，把自己最好看的一面呈现在他的面前，由此来增加自己在对方心目中的好感；而男生带女生参加的聚会或活动，往往也是自己能够熟练参与的，这样才有机会在女生面前秀一把，让自己的魅力增加。经过这些善意地“隐藏”，有些对于交往有害的信息被屏蔽了起来，没有在第一时间让参与恋爱的人知晓。而恋爱的发生，可能就是因为恋爱双方只被那些有利信息吸引的缘故。被隐瞒的有害信息越多，在恋爱过程中的矛盾产生的就越多，也给恋爱增加了更多的不确定因素。

经过这些善意地「隐藏」，有些对于交往有害的信息被屏蔽了起来，没有在第一时间让参与恋爱的人知晓。而恋爱的发生，可能就是因为恋爱双方只被那些有利信息吸引的缘故。被隐瞒的有害信息越多，在恋爱过程中的矛盾产生的就越多，也给恋爱增加了更多的不确定因素。

◎隐藏与反隐藏，辨别爱情真伪

既然知道自己会在异性面前下意识地表现自己美好的一面，那么就不难知道，对于男生也是一样的。要想打破信息的不对称性的规律，就要尽可能地从对方身上获得有用信息，但是获取信息是有技巧的。光获取外部信息是不够的，对恋爱起重要作用的主要是内部隐藏的信息，也是我们在对伴侣进行选择时要考虑的所必不可少的因素。

一些简单的方法包括很多。比如说，根据物以类聚，人以群分的道理，要想看一个人的本质，可以从他的朋友们“下手”。

所谓的“出淤泥而不染”用在男人身上实际上很难奏效。可能一部分女生不喜欢自己的男友吸烟，但是当一堆兄弟坐在一起吞云吐雾的时候，要保证他不受影响，几乎是不太可能的；但是知道你不喜欢吸烟的人，他在你的面前就不会把这个习惯暴露出来，说不定还会信誓旦旦地保证：“我从来不吸烟，也不喜欢吸烟的人。”等到有一天他掏出烟来的时候，你会惊讶于这个发现，并且会鉴于你已经是对方的女友而“奇迹”般地原谅他。如果他隐藏的不是吸烟这个小问题，而是某种恶劣的行径，那么等到发现的时候后悔就晚了。

更令人惊讶的一点就是，他在女友面前和在自己的朋友面前，说不定是两种完全不同的面孔，这就是为什么要在说明要减少信息的不对称性时，要先对他的朋友“下手”的原因了。而且总会有那么一两个大嘴巴的朋友，会提到他不曾告诉你的他的糗事，他的坏毛病，甚至他和前任女友分手的原因……这种机密信息在他的嘴里可不一定能够撬得出来。

以点盖面观VS获取强信息

◎优点面前总是有一架放大镜

古人说，“情人眼里出西施”，至于为什么会是这样，答案到现代才揭晓。按生物学的说法，这是因为身体内某种激素在起作用。不管是因为什么原因，但值得肯定的是，人们很可能因为喜欢上一个人的一个方面而对其他缺点视而不见，就好像在优点前面放了一架放大镜般。而这样实际上也造成信息的不对称性。因为有部分对于恋爱的重要的信息是被忽略的，而这些缺点会随着恋爱的开展慢慢显示出它的威力。

最典型的例子就是有一个组织叫做“外貌协会”。顾名思义，这个“组织”的成员都将外貌作为了选择恋爱对象的首要条件。其他条件暂且不谈，如果外貌不能过关，那么恋爱就没有开始的可能；反过来，如果外貌条件出色，也有可能会以决定性的票数压倒其他不那么出色的方面，造成信息的失衡。而恰好外貌是个“消耗品”，也就是说，随着时间的流逝，外貌的分数是逐渐减少的，这只会给爱情减分。这种“以点盖面”的观念对于恋爱的选择是十分不利的，应该尽量避免。

◎分清恋爱信号的强弱是选择的关键

众所周知，在市场中，优秀的产品总是愿意提供自己更多的信息，也就是说，消费者会更加倾向于选择自己更了解的产品。但是与此同时，商家为了提高销售，会有意识地将优秀面放大，而将不利面尽量缩小。这样就有一个强信息和弱信息的差别。

就好像一个人的外貌是很重要的，但是外貌优势并不代表内在品质，相对于后者来说，外貌不过是一个弱信号，是放出的“烟雾弹”，起到迷惑对方的目的；很显然，内在品质才是强信号，也是在选择恋爱对象时要着重考察的信息。

对于恋爱中的强信号和弱信号要去进行具体的辨别，那就要避免受到某一方面的蒙蔽，也就是说，将对方的唯一优点作为全部优点，特别是当这个优点对于恋爱的发展没有实质性的促进的作用的时候。那么这个时候，取人之术就起到了关键作用了，除了之前提到的通过朋友了解对方的品行，还有很多的方面，重要的是看对方做事的理由，看看他的心究竟放在什么地方。因为心在哪里，财富就在哪里，同样，你也就在哪里。

防范爱情“危险”的关键在于，切记不要被感性的观念冲昏了头脑，对他的缺点视而不见，要知道，他给予的恋爱信号，是只有靠理性思考才能解读出来的。如果一意孤行的话，一旦解读失误，最后吃亏的还是女人自己啊。

财女贴士

对于信息不对称性的避免办法，其实最好就是多交往一段时间，尽可能地从交往中获得更多的有用信息。这一点要从两个方面来考虑：一方面是尽量避免一时冲动的恋爱，另一方面要避免虽然是长时间恋爱，但是一直处于感性的认识阶段的状态。前者是不利于信息的获取，后者则是不利于有用信息的取得，都是对于恋爱不利的。

13 网线上的虚拟爱情——网络恋爱成本核算

情金PK的那些事儿…

同事小P和男友因网络而结缘，具体来说，是因为玩网络游戏而认识的。在虚拟的游戏世界里，两人婚也结了，娃也生了，都快成老夫老妻了，这时候才决定说，要不正儿八经见一面吧。小P为这句话纠结了很久，不知道该不该把在虚拟世界的感情带到现实生活中来。虽然他们俩在网上已经认识了很长的时间，彼此也都觉得对方不错，但是一直都没有鼓起勇气提出见面的想法。

在考虑了几天之后，小P终于决定去见一见在网上的"孩子他爸"。这次见面比想象中要愉快得多，现实中的他和网上的他没有区别，一样的幽默机智、温柔细致，这让小P有一种捡到宝的感觉，很快就在现实中也确定了恋爱关系，逢人便说：网恋好啊，成本低效率高，大家都去网恋吧！大家羡慕归羡慕，但网恋的成功率究竟有多高，网恋的成本究竟有多低还没个准。就小P而言，说是网恋不花钱，但是他们因为相识于游戏中，光花在游戏上的钱就够我们在现实生活中吃好多次大餐了，仔细算下来，还是不少的呢。

恋爱面面观&消费智囊团

相比N年前网络刚刚普及时，众人对网恋的诸多诟病，现在越来越多的人投身于网恋的热潮中。以前人们对于网络最大的担忧在于不知道电脑屏幕对面坐着的是人是狗，而现在不仅能够知道对方是不是狗，还知道它喜欢吃什么骨头！这就是网络，比现实中更难隐藏什么。仅仅是一条网线，便可以将完全不认识的两个人联系起来，最终喜结连理的例子也不少，这就吸引了更多的人们去网上寻觅自己的伴侣。

随缘观VS虚拟恋爱

◎既不期望有收获，但也不会有损失

网恋这个名词虽然由来已久，但是一直不是个褒义的词汇，受到网络世界虚拟性的影响，网恋也被认为是缺乏真实的一种关系，但这并不妨碍一些人在网上寻找合适的恋爱对象。和几年前，特地逛论坛、泡聊天网页、加陌生人的QQ相比，现在的人们极少会特地将自

己的终生幸福寄托在网恋上，而一般会更加理智，将网恋作为认识朋友的一个普通途径而已。甚至更多的人不再寻求从陌生人中去寻觅可能的人生伴侣，转而将网络作为了一种和朋友增进感情的工具。

并不是每个人都善于当面和直接地表达自己的情感，但是网络则不同，在网络的两端，聊天反倒可以更加轻松，一些平时难以说出口的话也可以在网上聊天时不经意地说出来，避免了面对面的尴尬。至于究竟有多高的成功几率，尚且不是很清楚，但是与和陌生人相亲、在对彼此全无了解的情况下约见相比，至少网恋双方可以在网络上进行一段时期的了解，在现实中约会时，也可以拥有一定的心理准备。

◎虚拟恋爱的成本清算

在很多人看来，网络是一个虚幻精神世界的产物，但是随着社会的快速发展，人们的生活越来越离不开网络，现在看来，这个看法需要改一改了。网络不源于生活但是却脱离不了生活，因此，爱情在网络中的出现就不足为奇了。人们普遍认为，相对于其他的恋爱方式，网络所要花费的成本相对较小，至少在恋爱的初期阶段，网络恋爱可以避免因了解的需要而产生的现实消费。恋爱对象的各种信息，不管是爱好还是观念，通过网络都可以得到了解，这样一来，那些原本需要经过几次“约会消费”才能获得的信息，经过网上聊天就已经完全掌握了。万一两个人并不适合交往，任何一方都没有经济上的损失。可以说，网络的虚拟性让当事人根本意识不到网络成本的存在，因此，在人们恋爱的初期，网络的出现确实可以在一定程度上减少恋爱消费。

以前人们对于网络最大的担忧在于不知道电脑屏幕对面坐着的是人是狗，而现在不仅能够知道对方是不是狗，还知道它喜欢吃什么骨头！这就是网络，比现实中更难隐藏什么。

但是这样的日子持续不了多长，因为人们的对于感情的需求，远远不是网络上的一句甜言蜜语、一个笑脸表情、一枝鲜花图片就能够满足的，无论隔着电脑聊多少次天，都没有现实上一个拥抱来得温暖。但是，即使在网上已经聊得热火朝天的两个陌生人，一旦要决定走入现实，就不得不考虑更多的事情。不仅如此，更加重要的是，在这之前要想取得对方的好感，从而使感情深刻到可以经受得住现实考验的地步，不得不花费比平时更多的时间和精力。

比如现在流行的各种婚恋交友网站，就是很久以前聊天室功能的升级版，只不过是多了相对真实性这一个因素。即便通过身份认证、邮箱认证、手机认证等多种形式知道了世界上确实有某个人的存在，也不一定代表和他谈恋爱就万无一失了，真正决定是否值得交往的因素是要通过进一步的交往才能知晓的，而这一切都交付给了网络来进行。因此，网络恋爱的成本在一定程度上已经隐匿在了网络中，并且超越了消费的概念，演变成了更加具有摧毁性的隐形成本。

沉溺观VS网恋成本

◎网络恋爱是一种让人上瘾的病毒

关于网络之所以一直备受诟病，是因为“网络成瘾症”的出现。这个词语不仅让许多的父母头疼，同样也困扰了许多的年轻人。之所以有这么多的人沉溺于网络，自然是因为网络自有其神奇的魅力，特别是有过网络恋爱经验的人都知道：网络会让爱情蒙上一层面纱，让人看不清楚、道不明白，而爱情的吸引力正在于如此。因此人们会发现即使是认识的人，他们在现实中也许是个沉闷的几乎会被人遗忘的普通青年，但是到了网络中就突然变得非常健谈，总是笑话不断，闪耀着智慧的火花。这让爱情在网络上变得似乎更加符合自己的理想，人们当然更愿意和一个理想中的人交往，这就让沉迷网络恋爱的人有了更充分的理由。

人们在网络上相识相知相爱的过程中，在不断为两人设计美好未来时，情感早就不知不觉超越了网络的界限，在不经意间就躺在了没有任何肢体语言的温柔中，在沉溺这种恋爱感觉的同时，网恋的成本也就这样产生了。

◎看不见摸不着的成本，其实最伤人

网恋成本的承担者往往是一些没有经历过恋情或是曾经经历却最终被伤害的人。他们之所以会对网络恋爱情有独钟，是因为网络剥离了情感以外的很多东西，那些在现实中没有得到理想爱情的人，就会转而用虚拟的方式去寻找爱情。而这样的人，往往最经不住网恋的诱惑，很容易就被所谓的理想的爱情打动，沉溺其中，不可自拔。

这是因为，人们虽然知道现实非常残酷，也正因为如此，他们才会在内心深处更加向往真挚的情感：对于有钱人来说，他们当然不

希望自己的另一半在拥抱自己的时候，像个小偷一样去试探自己钱包的深浅；而对于穷巴巴的人来说，也不希望对方爱上的不过是面对着电脑屏幕的幻想的对象。从这个角度来说，网络恋爱最有价值的成本，其实是网恋的人付出的真实的情感。

决定网络成本是否得以收回的重要依据就是，当网络中相爱的两个人到了现实中是否会发生网变。如果发现对方与自己的想象落差太大，那么这个投入的成本就变成了沉没成本，是收不回的付出；就算见面之后是皆大欢喜的结局，但是别忘了在网络中的爱情毕竟是理论阶段，而没有进入实质性的阶段，见面之后还是会回归到正常的恋爱步骤，这让网恋和现实的情感本质划上了等号，即使是网恋的人当然也不会因为贪恋网上的温存，而舍掉现实的温暖，这样看来，网恋的成本其实并没有降低。

财甘贴士

网恋其实就是一件摆在橱窗里，你垂涎已久、看起来很美的东西而已，一旦握在手里，你也许会发现它并没有想象中那样实用。当你花掉了时间、花掉了精力地追逐，到最后却失望的时候，是一件多么悲哀的事情。如果说在爱情中花费了实实在在金钱的成本，最终没有得到爱情是一种亏损的话，那么付出了时间和精力的成本，却也是悲剧结局则是一种血本无归。因此，如果你在网上爱上了一个人，觉得他十全十美的话，那么就尽快将这份爱情拿到现实中来“暴晒”一下，这个时候你还是坚持之前的想法，再来说出“非他不嫁”的话吧。

最好的总是在最后？——爱情的等待期限

娜娜的感情如果被拍成一部电视剧，那必须得是部大剧集——娜娜谈过的男朋友太多了，以至于有时候她自己也记不清到底和谁谈过恋爱。这不，这次她又分手了，对方是一个工程师，也是家人帮她介绍的对象。在所有的亲戚朋友们看来，这位男士的条件已经是足够好的了：长得不赖，收入高，性格也不错。这样的条件给一般的姑娘都已经是比较满意的了，但是对于“老姑娘”娜娜来说，他仍然有不尽如人意的地方，比如说，既然他这么优秀，为什么到现在还没有结婚呢？会不会有一些难以说出口的缺点……她的每段爱情总是不会超过三个月，每次在恋爱一阵子之后，她就会产生会不会有比男友更好的男人的想法，觉得自己一定是错过了更好的那一个，并因此而和现任男友分手。

大家都对娜娜独特的观念感觉到不以为然，但是娜娜坚信，自己一定还有机会碰到一个更好的人，这样拖着拖着，转眼娜娜已经到了29岁了，仍然像一个不成熟的小孩，总觉得后面有更好的人在等待着自己，一定有属于自己的完美爱情，可是怎么看都觉得，为什么这条等待的路没有尽头呢？

恋爱面面观&消费智囊团

有一个著名的故事，叫做《猴子摘玉米》，说的是一只小猴子下山去摘玉米的故事：它摘到了一个玉米，但是当它看到又红又大的桃子，就扔掉了玉米去摘桃子；看到满地又大又圆的西瓜，就扔掉了桃子去摘西瓜；当它看到小兔子的时候，又将西瓜扔在一边，结果兔子没有追到，只好两手空空的回家。我们在追求爱情时候，是不是也像小猴子一样，总是在追求的过程中放掉了最适合自己的那一个呢？

追逐观VS坚定信念

◎爱情没有最好，只有更好

爱情是人生的一个最重要的部分之一，因此每个人都想找到最好的那位Mr right，希望能够与之一直相伴到老。但问题就在于，对于Mr right的衡量标准，并没有一个明确的概念。究竟什么样的男人，才是最好的呢？

女友的男朋友很好，又帅又浪漫，可是他适合自己吗？老妈介绍的男生很好，又稳重又多金，可是他会一直喜欢自己吗？如果像这样瞻前顾后、过于挑剔，这样一来，就没有一个完全“好”的人，因为这个世界上总有更“好”的人出现。就像商场里的衣服，每天都会有新款上架，要想着等着最漂亮的那一件，是不可能的，也是买不完的。这样的想法就导致人们总是在寻找更好的那一个，而对在身边的那个人视而不见，等到最后才发现，更好的那个不一定是适合自己的那个，而最适合的已经被自己错过了。

幸福女人的聪明之处在于，她们找到的男友并不一定是最好的，重要的是在有了这个人之后，眼里就不再去瞄其他的人，就好像全世界就自己的男友一个选择一样。

◎对于认定的人，就是最好

我们对待爱情和对待生命一样，充满了希望欢喜，在不断追逐的过程中，想要寻找到一个完全属于自己的人。

有很多女孩只知道自己需要拥有爱情，却对于幸福爱情的标准懵懵懂懂，她们完全不清楚，究竟拥有什么样的爱情，才能够让自己真正感到快乐和满足。自己的幸福都是小幸福，别人的幸福都是大幸福，一比较起来，就觉得自己是不是应该去追求像别人一样的“大”幸福呢？就这样茫茫然地放弃本来的幸福，转而去寻找所谓的能让自己更幸福的人，最终酿成“拥有的时候不珍惜，等到有一天失去了才后悔莫及”的悲剧。想要拥有的东西越多，那些我们自认为坚实可靠的东西就越容易失去，原本可以掌握的幸福也在不知不觉中一点一点地远去。正像那只摘玉米的猴子一样，它明明想要的是玉米，却以为还会有更好的，可是最后连玉米都没有得到。

我们当然不能做这只糊涂的小猴子，在爱情里，一旦放手，就有可能意味着永远地失去一个最适合的人，这是一件非常可惜的事情。幸福女人的聪明之处在于，她们找到的男友并不一定是最好的，重要的是在有了这个人之后，眼里就不再去瞄其他的人，就好像全世界就自己的男友一个选择一样。这样一来，满足感就产生了，觉得自己已经拥有了最好的，能够觉得幸福就足够了，至于这个人是不是全世界唯一的最好的男人，就一点都不重要了。

期限观VS麦田法则

◎爱情的等待也是有期限的

如果总也找不到合适的那个人，你会不会给自己定下一个等待的最后期限？也就是说，在多少岁之前一心一意只等待那个真心实意愿意嫁的人，他爱你，你也正好爱他的那种天作之合；一旦这个年龄过去了，就不再那么执着，只求找一个愿意尝试去爱的人嫁了比较好。

太年轻了，不能把握爱情，不知道后面是不是还有更好的，因此不想轻易去爱；等到年龄大了，也已经错过了那个拥有最多选择的阶段，不能轻易地得到爱。难道就终生不嫁吗？当然不行。这就存在着一个等待的期限的问题。

那什么样的期限才是最合适的呢？25岁，还是28岁，或是更晚？如果那个人出现得总不是时候，正当自己决定放弃等待要嫁作他人的时候，他就出现，那会不会埋怨自己这个期限定得不太合理呢？可是谁也不知道，要等待的那个人在什么时候出现，就像在田里摘稻穗，永远都不会有人知道后面的会不会是更好的一个。

◎爱情就是那个最大的麦穗

关于在什么时候选择最佳对象，苏格拉底曾经给我们提示，那就是麦田法则。假设要在麦田里摘一个最大的麦穗，只许直线前进，不许后退，而且仅有一次机会，那么怎样摘到最大麦穗的几率最大。

苏格拉底的第一个弟子没走几步看见一只又大又漂亮的麦穗，然后马上高兴地摘了下来，但是当他继续前进时，发现后面还有许多都比自己摘得要大，无奈只有一次选择的机会，只好遗憾地走完了全程；第二个弟子吸取了教训，总是提醒自己前面还有更好的麦穗，不要急着采摘，结果等到快到终点才发现，好的机会全部都错过了，只好将就着摘一个；第三个吸取了前面两个的经验，当他走到三分之一的路程时，就分出大、中、小三类麦穗的标准，再用三分之一的路程进行验证，在最后三分之一的路程里选择一株属于大类中的最好的麦穗。虽然他拿到的也不一定是最好的一只，但至少他满意地走完了全程，因为他明白，这已经是他能争取到的最好的结果了。

这个例子用于挑选最佳对象有很好的指导作用。因为挑选的最佳策略就是在比较冷静的时候对可供挑选的对象进行分类，并在其中选出一个最符合自己要求的作为参照（当然，如果就将这个作为自己的选择也未尝不可），想要继续进行挑选，那么就意味着还有三分之一的机会让你找到合适的人。

这是一个非常理想的状态，并不是所有的人都有三分之一的机会用于挑选。在现实生活中，当拥有了足够的信息后，找到意中人的几率还是很大的，即使在错过了一次三分之一的选择机会的时候，还有三分之二的机会等待你去把握，而不用浪费那么多时间去挑来挑去的。从几率的角度来看，基本上在前三分之一的路程中选择到的人和后面路程的选择差不了多少，和自己的初恋情人拥有甜蜜生活的人也并不少见。

财女贴士

总有人抱怨为什么自己的真命天子迟迟不能出现，却忽视了自己也许已经错过了，或者那个人就在身边只是自己并没有发现。说到底，还是因为人性本来就是贪婪的，总想要得到比别人更好的东西，却忘记了一个重要的事实：自己的下一个男友要比上一个要好，那么自己有没有相应的比和上一个男友相处时变得更好呢？如果对别人的要求很高，就首先看看自己吧，究竟有没有资格讨要更好的人；如果事实正好相反，就还是先让自己变得更好再说吧。

多金女也没有什么了不起
——别让资产成为幸福绊脚石

秦爽在别人看来是幸福的。她在大学毕业后接管了父亲的公司，成为了一名年轻的CEO。凭借着自己的聪颖和创新的管理方式，父亲的公司在她的手里越发壮大，生意也被她做得风生水起。对于她的恋爱，她的父母采取了比较开明的方式，并没有强迫她去相亲或是开展所谓的“经济联姻”，这一点让秦爽非常满意。在她看来，自己将来无论爱上的是有钱人还是穷光蛋，只要相爱就可以了，那些“门当户对”的规矩，对她一点都不适用。

没曾想有一天，秦爽真的爱上了一个“穷小子”，对方用一盘菜就打动了她的芳心。没错，她爱上了一个厨师。他只不过是一个普通得不能再普通的男人，但是光做得一手好菜这一点，就足够打动人。因为秦爽觉得，能把菜做得这么好吃的人，必定是在倾注了许多的感情在里面，这么至情至性的男人，当然值得自己去爱。

很多人都劝她不要暴露自己的身份，不要告诉对方自己有多少钱，男人中想要“攀高枝”的人还不是有嘛。秦爽虽然觉得有道理，但是一想到真相总有揭露的一天，要是他知道自己的情况，会不会因为觉得自己受到了欺骗或是其他原因而生气呢？

恋爱面面观&消费智囊团

若干年前，莎士比亚曾经这样说过：“软弱啊，你的名字是女人！”在那个遥远的年代，女人似乎是软弱的代名词，在男性的面前，几乎总是属于依赖和从属的地位，这种地位不仅体现在生活上，更体现在经济上。但不知道从什么时候起，女人已经不再满足于担任这个“花钱”的角色，她们也慢慢开始承担起了赚钱的角色，甚至有的人赚得比男人还要多。面对这种角色的转换，男人们虽然嘴上不说，但是心里的滋味那可是打翻了五味瓶：和一个有钱女人谈恋爱，没两把刷子可不行啊。

女权观VS聪明的女王

◎经济上的独立派，感情上的掌权派

女人在经济上能够实现独立，这无疑是一件好事，这样就意味着在一定程度上可以帮助男人分担他们在现实生活中的负担。但似乎很多男人并不领这个情，也不太愿意娶一个比自己收入高得多的老婆，好像觉得一旦这样，自己就会立刻失去作为男人应该有的自尊和地位。

这也难怪，在中国传统的家庭观中，自古以来都是“男主外、女主内”的相处模式。男人在外面挣钱养家是天经地义的事情，而女人就只要负责把家里照顾好就行了。而即使夫妻双方都是上班族，女人的职业通常也会比较清闲、轻松，收入相对而言也会少一些。这样看来，女人怎么都是“享福”的命。而若是女人在收入上较为强势，男人们就可能会觉得心里不是滋味。

那些觉得女人天生就该依赖男性的人，常常忽略了一个重要的事实，那就是：感情不一定是从一而终的。很多因素都可能导致两个相爱的人分开，若是此时女人没有经济来源或是收入较低，立刻就会陷入生活的窘境。

那么，女人是否就应该甘于从属地位，不去追求高收入呢？其实不然。那些觉得女人天生就该依赖男性的人，常常忽略了一个重要的事实，那就是：感情不一定是从一而终的。很多因素都可能导致两个相爱的人分开，若是此时女人没有经济来源或是收入较低，立刻就会陷入生活的窘境。因此，一旦女人在经济上取得了独立，虽然和感情的幸福并没有什么直接的联系，但似乎从这一刻开始，女人的腰板就直起来了。为什么？因为男人再也不能在感情上将她们踩在脚下了。

一个完全依靠男友的供给生活的人，和完全依靠自己的收入生活的人，在面临感情结束的时候，反应是完全不一样的。后者至少在没有男人的时候，还可以自己独立生活。有了经济基础的保障，女人在感情上立马就打了一个“翻身仗”，不再需要卑躬屈膝地讨好对方，而是变成了颐指气使的“女王”，一跃成为了掌权派。

◎拥有女王的资产，丢掉女王的架子

无论是通过自己的打拼也好，还是通过父母的赞助也好，如果你有幸成为一个有钱的女人，那么恭喜你，至少你

拥有了更多的底气，和那些自身经济状况不佳，只能靠嫁入豪门、飞上枝头变凤凰的方法来给自己的生活提供保障的人相比，无疑是要好得多了；与此同时，你也有机会挑选到更好的人，而不用在乎对方是富翁还是乞丐。

钱就是这么个“好”东西，在拥有它之前和拥有它之后，生活也会随之发生改变。比如，可以自己买喜欢的房子，可以去自己想去的地方。不仅如此，当经济趋于独立后，连脾气和心态也发生很大的变化：你可能不会像以前那样宽容，可能不会像以前那样易于亲近……这是钱对人们产生的不利影响。所以这时尤其要注意，当你成为有钱的女人，并不意味着男人就要排成队来供你挑选。对于他们来说，你的金钱固然重要，但男人的自尊心同样重要，他们也没有必要接受你的挑三拣四、你的吹毛求疵。

所以，要想做一个可爱的有钱女人，大可将那“女王”的架子端了去。没有必要将自己的财富和优点处处炫耀，而真正富有的人，必定是在精神上也不输于别人的人，她们往往更加懂得如何享受生活，享受爱情，并且懂得善待他人，善待自己拥有的财富，能够做到这些，苦苦追寻的爱情说不定已经在不远处招手了。

“小气”观VS另类考验

◎你的是我的，我的还是我的

有一个男人曾经抱怨说，自己的女友虽然非常有钱，但是非常“小气”，这一点让他很郁闷。他的女友在一个中心城区拥有自己的房子，而这个男人正好也在那边上班，他自己的家又隔得很远。因此他想搬到女友家去住，生活也方便一点。而女友虽然同意他的要求，却表示要他交付一定的房租、水电和物业费。

这个男人觉得很委屈，自己平时对女友不错，不是请她到高级餐厅吃饭，就是陪她去看昂贵的音乐剧、演唱会，她怎么对自己这么“小气”呢？

◎想要分享她的财富，用能力和心意来换

听起来，这个女孩要男友负担房租以及其他费用是非常小气的行为，但是，她在乎的真是房租和水电费吗？显然不是。这个女孩无疑是聪明的，她通过自己的本领赚取了属于自己的财富，也愿意和自己心爱的人分享。问题是，这个男人是否有能力分享这一切。如果男友

将这一切当做理所当然，认为女人赚取的一切财富自己都有权分享，甚至因此而不求上进，那么无疑会给将来的生活带来无限隐患。

对于男人来说，这是女人设下的一个考验的陷阱。事实上，有钱的女人找男朋友，并不是希望对方能有多少钱，而是一定要舍得为自己投入，这样才能证明自己没有被当成提款机使用。再有钱的女人也只不过想找个可以依靠的人，对于那种只会抱怨她们小气和势利，而不去思考一下自己究竟有没有能力和心意让她过得好的男人，还是赶紧远离她们身边比较好。

财女贴士

不管有没有谈恋爱，女人在经济上保持独立始终是没有害处的一件事情，这样才不至于在受到感情伤害的之后失去生活的来源和能力。但切记不要将自己的经济条件和感情直接挂上等号，以为拥有的钱越多，对方就应该事事迁就。如果你的钱已经多到超过男友数倍，那么再行使“女王”脾气可能只会将对方推得更远而已了。

恋爱中：
情动热恋ING
——投资爱情谨记找准“情金”分割点

感情在不知不觉中升温，
来到了最甜蜜的热恋期，彼此关系朝前迈进了一大步！
可是，
日常花销似乎也与两人爱情温度成正比：
关系变亲密了，恨不得和他一起吃遍天下美食、逛尽城市大街小巷，与心爱的人一同享受这世间的所有美好，
就这样，日常消费也迅速“飙升”起来。

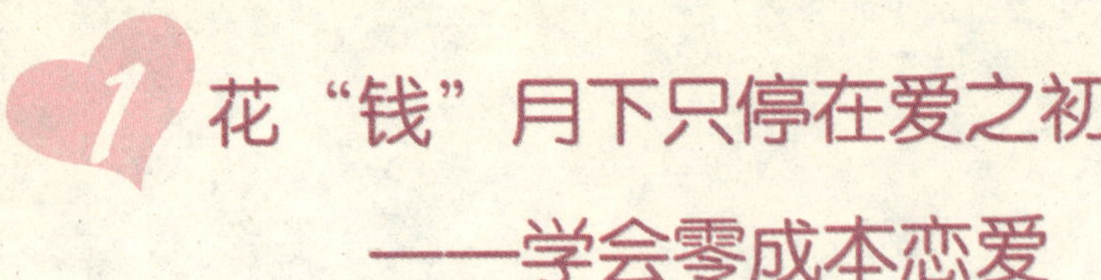

这感情啊，总是在热烈之后就会归于平淡，谁都不能避免。就拿我和男友来说吧，比起刚恋爱那会儿，现在的我俩考虑的事情要多得多了。

他追我的时候还在读大学，那个时候大家都没有什么钱，但是他总愿意把他所有的钱都拿出来给我买礼物，请我吃饭，那个时候总是在月中的时候就会花光他所有的钱；毕业后，我们俩就正式确定了恋爱的关系，都有了自己的工资，经常出入娱乐场所，再和朋友聚会几次，一个月的钱很快就花光了，而我也变得越来越喜欢把钱花在梳妆打扮上，两个人都是名副其实的月光族。

那个时候两个人都很年轻，根本就没有想过要存钱为了以后的生活这回事，总觉得浪漫、享受当下的生活才是最重要的。等到双方的父母觉得我们俩都已经谈了好几年了，应该考虑一下以后的婚姻生活的事情时，我们才突然发现，我们居然一点点存款都没有，几乎每个月的钱就无缘无故花光了，也不记得花在了什么地方。这样一来，哪还有什么钱用来准备今后共同的生活。

于是在经历了三年的恋爱之后，我们从亲密的恋人突然变得像“老夫老妻”一样，尽量避免去高档的娱乐场所，有时候周末就在公园或是街边度过，一起散散步聊聊天，其实也挺好的，我们有了更多的时间来关心彼此的想法，重要的是，未来的经济保障也开始建立起来了。

恋爱面面观&消费智囊团

花前月下，多么美好的场景，让人看到这个词语就不由得想象出一幅充满爱意的男女相见的情形。在很久以前，谈恋爱本来就“若非月下即花前”，只要有美景、美人相伴，这个爱情就已经很完美了。但是当时代发展到了今天，新潮的年轻人们似乎已经不满足于良辰美景了，花前远远比不上花钱带来的乐趣多。而不花钱的恋爱方式似乎也越来越难觅其踪，难道恋爱就非得花“钱”月下才行吗?

金钱决定观VS细水长流观

◎花钱越来越少，感情就会越来越淡

现代社会，娱乐方式层出不穷，人们也不再将恋爱的方式局限于每天压马路、逛公园，这些在父辈们眼中最渴望的恋爱场景，到了今天却成了“老土”的象征。谈恋爱动不动就掏出一大笔钱来讨对方欢心的大有人在，恋爱时如果不花钱似乎就无法证明对对方的爱情有多深，显然月亮已经不能代表他的心。

造成这种想法的另一个原因是，很少有人会不在乎自己的钱，特别是花在爱情上的钱。正因为此，在喜欢的人身上花的钱越多，投入的成本就越大，因为谁也不想这笔投资变成“沉没成本”，像打狗时一去不回的肉包子——因此，有一种不是真理的真理，那就是对方为你付出的钱越多，离开你的可能性越小，为什么？都已经投入进去这么多，此时收手，那就只能全部赔光了，男人才没有这么蠢呢。

这也就不难理解，为什么过了爱情的最初阶段，明明应该是感情更加稳定的时候，女生的安全感却减少了呢，这就是因为她发现，自己的男友不再像以前那样愿意花钱让自己开心了。

为什么过了爱情的最初阶段，明明应该是感情更加稳定的时候，女生的安全感却减少了呢，这就是因为她发现，自己的男友不再像以前那样愿意花钱让自己开心了……

◎花钱少了，感情深了

男人和女人的思想总是存在很大的差别，难怪有人会认为，男人和女人也许压根就不是从同一个星球来的，一个来自火星，而另一个来自金星！这才能够说明为什么在看待同一个问题上，男人和女人会产生极大的分歧了。

例如在花钱这件事情上，女人通常都会将它看做是对方是否爱自己的标志。有句话说，愿意为你花钱的男人不一定很爱你，但不愿意为你花钱的男人一定是不爱你的。因此一旦男人在掏钱这件事上迟疑，就会引发女人诸多的猜疑。但与此同时，男人的想法却完全不同。他们在追求女人时需要用花钱来吸引喜欢的女生的注意，因为他们知道，大多数女人都是虚荣的。当两个人恋爱谈到一定的阶段，感情也相对来说更加的稳固，对于一个想和你走下去的男人来说，与其把钱花在不痛不痒的平时娱乐里，还不如积攒起来，或是去做一些有益的投资，为未来两人的生活打下基础。也许这些他并不会和女友说明，但是他们心里确实是这么想的。

所以，当两人的感情进入了一个更稳定的阶段，你却发现他比认识的时候要小气了很多，也许这并不是一件坏事，意味着他开始考虑你们的将来了，应该多加鼓励才是。

花钱买乐观VS零成本恋爱

◎如果不花钱，那恋爱岂不是很无聊

习惯了花钱的恋爱生活，突然要接受“一穷二白”的方式，多少会让人受不了。当然，并不是完全不花钱，只是有了更多的时间和机会去尝试一些不需要花钱的相处方式，这样才能积累下更多的资本。

有的人认为这样就意味着会倒退到父辈们恋爱的时代，每天逛公园、逛商场又不买东西，那多无聊啊。可是回过头来想一想这样做的好处吧。爱情自人类诞生开始就已经出现了，我们的祖先们没有电视电脑，没有KTV，也不可能今天飞去香港购物、明天飞到澳洲去潜水，但是他们依然会有相伴到老的爱情，他们每天干什么？除了你耕田我织布、你挑水我浇园的生活，他们有更多的时间进行相互间的交流，有更多的机会了解彼此，加深爱意。当你每次想讲话时就被酒吧巨大的音响声音给淹没，当你每次想说我爱你时，就被唱K前奏打断，这样的恋爱也不会有意思到哪里去吧。

◎不花钱恋爱，还有什么是你可以做的

除了KTV、酒吧等高消费的场所以外，其实还有很多地方可以去。一座城市里总会有一些公园、江滩，一些充满历史气息的古老建筑，一些鲜为人知的小巷弄堂，这些被年轻人忽视的角落，其实也是充满着趣味的。在一个晴朗的天气，和他一起去这座城市的各个地方转一转，了解那些被人遗忘的历史，去探寻一些别样的风景，走在充满神秘意味的小巷中，不是很有意思吗？说不定你还会发现一些不为外人所知的美味，花很少的钱就能品尝到地道的小吃，和大餐馆相比是丝毫不逊色的。

还可以去参观在会展中心举办的各种展览，去美术馆品尝艺术家们“烹调的美味”，享受丰富的文化大餐，一定会让精神境界更加的丰富，提升了自己的品位，而你们所付出的，不过是两张门票的花费而已。

在这个时候，不要忘记和他进行交谈，交谈是增进两人感情最好的方法。为什么古人在说到爱情时，总是偏爱“花前月下”这样的描述呢，就是因为在这样的环境下，两个相爱的人最适合表达心意，互诉衷肠，爱情自然也就更加牢固了。

财女贴士

很多女孩子都感叹：他当初追我的时候，多么多么舍得花钱，玫瑰花一送就是99朵；现在呢，答应做他的女朋友后，规格一下就降低了，玫瑰的数量锐减到了11朵……难道是他不爱我了吗？这种想法几乎在每个女孩身上都有过，觉得花钱与爱情是成正比的，但事实上并非如此，如果纠结于此，会给感情带来许多的困扰，并影响两人的正常发展。

习以为常的约会如何压缩成本——约会消费观

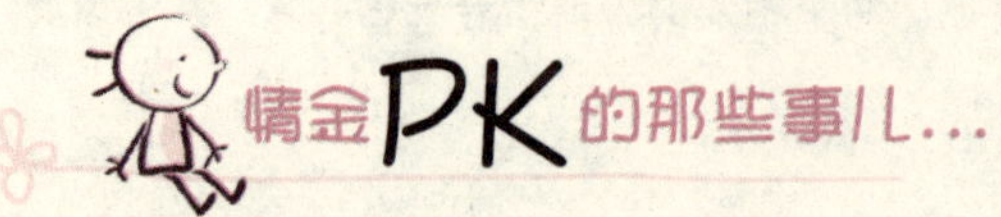

最初交往的时候，我和男友总是挖空了心思想让约会变得更有意思，经常去游乐场啊、水族馆啊之类的地方，那时正是培养感情的关键时刻，谁都不会在这事上吝啬，所以花钱自然如流水一般。

可转眼一年过去了，随着感情越来越稳定，我俩在工作上也越来越忙，约会就慢慢变成了吃饭、看电影、逛街这老三样。虽然每次都是进行同样的内容，但我可不想让我的恋爱变成一个没有任何趣味的“模板”。怎么在约会过程中又玩得尽兴又节约，就成了我每次约会前必做的功课。

寻找有特色又实惠的餐馆，利用信用卡的活动去买打折的电影票，逛街时多看少买，等到打折的时候再进行大采购……还别说，虽然每次约会的内容是一样，但是有了这些功课之后，两个人的约会之旅还增添了不少欢乐。我们总是在约会到来之前，就分享各自收集到的各种打折或是优惠信息，商量着去哪一家新开张的饭馆吃饭，每次都是不同的体验，既增加了约会乐趣，而且还很实惠，为咱们将来的幸福日子打下基础嘛。

人们从恋爱初期转换到恋爱稳定期，恋爱方式也会发生很大的变化。最初的时候花样百出，用高消费的娱乐方式来换取感情的升温；慢慢地，当感情趋于稳定，恋爱的方式也回归到简单，通常都是吃饭、看电影以及逛街了。恋爱消费自然也会有所下降，但是这可并不意味着要降低约会的质量，即使虽然是“老三样”，也要做到既省钱，又让约会永远保鲜，让爱情在“旧盒子”里翻出新花样。

高消费观VS经济基础为重

◎要保持恋爱的新鲜感就必须以高消费为基础

恋爱是人生的美好经历，所以每个人都希望自己的恋爱能够成为人生中珍贵的回忆。相比父辈的“一条马路来回转，一场电影度良宵”的恋爱回忆，如今热恋中的男男女女早已经跳出了这种陈旧的模式，取而代之的是恋爱的高消费。

去高档的西餐厅、风格别致的饭馆吃饭已经不是什么新鲜事了，这些餐厅往往价格不菲，两个人吃饭，动辄就是人均上百元，如果再加上看电影、泡酒吧、上茶馆等夜生活，即使是一次普通的约会也会让荷包在一天之内迅速缩水。

但大多数女孩子都会觉得，宁愿让自己的荷包变瘪，也不能让爱情质量“贬值”，要想让约会有趣，让爱情升温和保温，没有高消费的支撑是不可能的，总不可能天天都逛公园、压马路吧，那也太老土了。

◎经济基础与感情之间的亲密联系

当感情已经稳定了之后，往往下一个阶段就是谈婚论嫁，但是却还没有到达正式谈及这件事情的程度，因此会把经济基础这种东西看得很淡，在约会消费时很可能全凭兴趣花钱，这样做其实是非常不理智的。

有的人觉得虽然有结婚的可能性，可是毕竟还没有提上日程，等到真正到了那一步的时候，自然就会做到节约了。而实际上，能够做到的人非常少。因为一旦当一种消费方式巩固成为一种习惯的时候，我们就很难去阻挡它的惯性，发展下去甚至会拖累到将来的整个家庭。

再况且，处于热恋时期的人一般情况下年龄在30岁以下，这个时候一般收入还没有完全稳定下来，正处于人生财富的积累阶段。由于知识、阅历和经验的欠缺，收入会有一些不确定性，这个时候如果过于注重高消费的约会，对于增加约会品质不一定有明显的帮助，反而会给自己和对方造成一些财务上的困扰，同时也会影响到两个人今后的生活。因此，在热恋中的双方更应该注重开源节流，合理消费，减少支出的盲目性和冲动性，培养良好的消费习惯，为未来的生活打下基础。

因此，在热恋中的双方更应该注重开源节流，合理消费，减少支出的盲目性和冲动性，培养良好的消费习惯，为未来的生活打下基础。

传统约会观VS新式组合消费

◎日常约会省着用，就是爱情变淡

女人常常用男人是否愿意为自己花钱，作为评判对方有多爱自己的标准。因此，恋爱中的消费通常由男士们支付。造成这种状况的原因首先就要归结为传统的消费惯性的作用。如果男士在恋爱阶段出手不大方的话，往往就会被认为是“小气”的象征；等到两人感情稳定下来，在消费时的节俭行为，则会被女人们臆想成“他是不是不爱我啦？”、“是不是把钱都花在别的女人身上了？”这都是由于男女间的思维差异造成的。

在恋爱初期为了讨得对方的欢心，男人总是不惜花费大量的金钱买礼物作为追求的手段，大概有80%的年轻人承认，曾经给女友买过高档的消费品。这就为将来的相处埋下了伏笔，让女人误以为消费越高，表示爱得越深，因此非常看重在约会时究竟男人会为自己花多少钱。但实际上，男人对于消费更加看重于实用性，一款价廉物美的产品通常更能获得他们的青睐，而对于这种用高消费考验真心的方式，大多数年轻人都表示，有点吃不消。

◎组合式消费节省恋爱成本

所谓的组合消费，是指在恋爱的过程中，有计划地进行适时的消费。比如两人在外出前，先做好安排，去什么地方吃饭，去什么地方进行娱乐活动，而不是到了某处之后再临时决定应该去哪。

这样做的好处不少。一方面在外出之前，安排好约会内容，不至于到了约会地点后无所适从，盲目地选择地点进行消费，增大了消费额度的不确定性，也很浪费时间；另一方面，提前进行计划，可以收集想去的地方的优惠和打折信息。例如，如果A影院今天实行电影票价的半价活动，那么就可以以该电影院为中心，将约会的地点辐射到影院周围的区域，寻找周围想要用餐以及商场打折的信息。目前的很多大型购物中心，通常都在购物的基础上，配置了餐饮场所、电影院以及游乐设施。从省钱的角度来看，逛一个场所，安排一晚上的活动，是比较划算的，也省去了诸多的交通费用。

这种组合式消费的约会方式，可以将零散的冲动型消费进行合并，可以减少外出的次数，却能够保证达到同样的约会效果，而且在支出上，至少可以减少60%以上的开销。对于想要开源节流的情侣来说，是个很高明的选择。

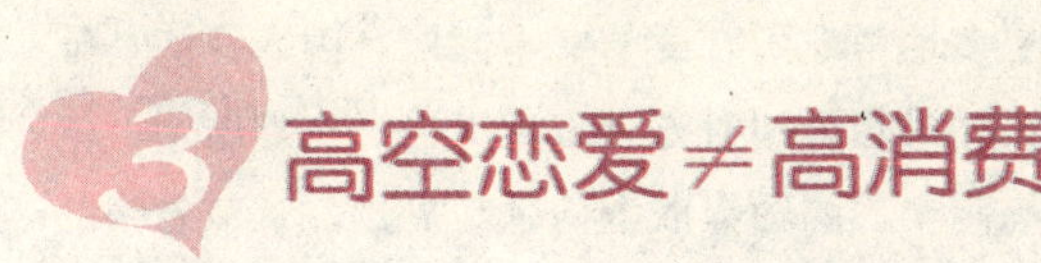

3 高空恋爱≠高消费

——异地恋的廉价交通策略

情金PK的那些事儿...

和男友谈恋爱两年了，感情倒是一直很稳定，但一直没有谈婚论嫁的打算。主要因为男友和我不在同一个城市，他在沿海有稳定的工作，而我却一直固守着有父母在的城市。我们两个人约好，他在外面先奋斗几年，攒够了钱之后再回到我居住的城市开始婚姻生活。

可即便是这样，在这之前不可能不见面吧。这样一来，两个人几乎只有周末才有时间见一面，而且还得飞机往返。如果按一个月见两次计算，每次往返的机票钱就花掉一两千，再加上约会的费用，每个月也几乎没有剩余的钱。看着每个月辛辛苦苦挣的钱都花在了飞机上，实在是有些心疼。我曾经想着减少见面的次数，可是又抵挡不住对他的想念，两个人又只好见面。

结果到现在，两个人都没有攒到多少钱，更别说什么时候他才会回来了。这样的高空恋爱让我们两个人都有点精疲力尽，虽然爱情没有减少，但是从经济的角度来说，实在是让人难以承受。看到身边很多的异地恋因为太辛苦而分手，我也感到很害怕，难道就没有爱情和面包兼得的办法吗?

恋爱面面观&消费智囊团

异地恋中不可避免的一个消费项目就是交通费。如果相隔不远，还可以用汽车、火车等出行方式，减少交通的费用；反之，如果对方在“千里之外”，就必须得选择飞机出行，更加快捷。这就让年轻的恋人们犯了难，本来异地恋就比较辛苦，再加上每次见面往来的费用，在尚不稳定的收入中算是一笔不小的开支，直接影响到日常的生活。如何在保证爱情的情况下，尽量减少交通方面的支出呢?

爱情为大观VS分清主次

◎先保住爱情，再靠考虑经济

男人和女人在对待爱情这件事上，出发点从来都存在很大的差异。例如在看待异地恋时，男人通常更多地考虑到恋爱的成本问题，因为经济基础决定上层建筑，如果想要和对方一直走下去，直到结婚，就不得不开始考虑两个人的约会成本问题。显然，从节省钱的角度考虑，减少见面次数是最好的选择。

但并非所有女人都赞同这一观点。女人的思维通常情况下都是感性占据了上风。在她们看来，经常见面是两个人的爱情不会褪色的保证，对于不在眼前发生的爱情，总是没有安全感。换句话说，在进行异地恋时，保护好爱情才是最重要的，如果连爱情都没有了，省钱又有什么用呢？因此，她们宁愿软磨硬泡让男友千里迢迢地赶过来，哪怕呆在一起只有一天的时间，在这一天中实现的爱情价值也会值回票价。

◎恋爱不同阶段的“战斗”目标

恋爱总是分三个阶段：**初恋期、热恋期以及谈婚论嫁期**，在这三个不同的时期里，爱情天平里的“筹码”是不一样的。

初恋期的时候两个人更多的关注如何能够爱情变得更加浓厚，也就是说，如何让对方更爱自己。因此这个时候，天平倒向了爱情的一端，就会出现男人“一掷千金为红颜”的情况，而经济则会被抛在脑后。

而热恋期则有稍许不同。两个人的感情已经基本比较稳定，但凡是有结婚想法的人，都会在这个时候开始考虑到经济的问题。这通常都是财富的累积阶段，开源节流、控制消费开始成为恋爱双方必须考虑的问题。而异地的恋人因为还要负担高额的交通费用，而不得不面对比其他人更严峻的经济问题。

因此，在热恋中的双方更应该注重开源节流，合理消费，减少支出的盲目性和冲动性，培养良好的消费习惯，为未来的生活打下基础。

在收入能力一般的情况下，建议不要让交通费用占据总收入的三分之一。也就是说，如果超过这个比例，就很容易出现资金短缺的问题；除去交通费用以外，剩余的钱可能刚好仅够生活，那么就根本不用谈资本的积累。而事实上，一旦在恋爱几年后，仍然没有任何的资本的话，就很难进一步地往第三阶段——谈婚论嫁去发展，因为根本不具备结婚的经济实力。因此，不要被感性的思想占据了脑海，在见面次数的多少上面纠缠不清，一个月保持1～2次的见面次数已经足够让爱情保持新鲜，而且也不会造成过多的收入流失。

冲动消费观VS从容应对

◎冲动消费让花钱如流水

爱情和经济之所以存在矛盾，有很大一方面是因为爱情无法做到像理财那样的理智。明明上周才见过面，一句“我想你”就很有可能破坏原来的计划，让约定好的见面次数有了不可预知的增加。这样会造成的最大困扰就在于，临时决定的出行计划可能让你花费比平时更多的钱，用来支付交通的费用。比如平时打折的机票，现在却只能以全价购买，消费的金额随着感情的浮动而有了增长。

◎平时做好“功课”，从容应对临时消费

聪明的人当然不会让爱情的冲动冲昏头脑，而让航空公司占了便宜。平时有很多渠道可以购买到打折的机票，只有摸清了机票的底细，才能让出行更省钱。比如说，办一张联名卡。

目前国内各大航空公司都和不同银行有联名信用卡，经常“打飞的”的人可以尽量多消费这种信用卡，因为你的消费可按照不同的比例，将消费换算成里程来累计。不过，由于各大银行与航空公司的约定不同，各种联名卡的“实惠”程度也大不相同。比如，若是经常乘坐南航的飞机，那么使用南航明珠中银信用卡积分最合算，每月的账单自动兑换成南航里程，而且它的免息还款期比较长；而若是乘坐国航较多，那么使用国航知音牡丹信用卡积分最合算，每消费1元人民币就累计1个积分，每15个积分兑换1公里国航里程，在同类卡中是比较吸引人的。

但是要注意的是，要搞清各联名卡首次兑换和时效限制，在一定时间内没有使用或是无法达到“首次兑换标准”的要求，积分就浪费了，因此要多多关注联名卡的信息；此外还必须注意，兑换本身可能是需要付费的，目前兴业、华夏、民生等银行纷纷对信用卡积分兑换航空里程“设限”。如民生银行规定，该行信用卡积分进行航空里程兑换时，需加收手续费，收费标准为15000积分或30元/次，每次最少需兑换500公里航空里程，每次最多可兑换50000公里航空里程。

4 当心透支你的爱情信用
——信用卡的危机

情金PK的那些事儿…

我这个人没有别的爱好，就是喜欢逛街。看着橱窗里琳琅满目的商品，我就克制不住疯狂的购物欲，想要全部把它们搬回家，真的就像电影《天生购物狂》里张柏芝扮演的那个人一样，不逛街买东西心里就很难受。

喜欢逛街的人都知道，这样下来就避免不了每个月都月光的情况，别人都叫我们是“月光女神”，别看名号好听，但实际上我们的压力大着呢。特别是到了每个月的信用卡还款期，用这个月的钱去补上个月，甚至是上上个月的漏洞，要是运气不好，碰上商场的打折月，那这个月的钱都没有着落，只能伸手向自己的父母要钱，或是要男友买单。我曾经有个男友，原本两人相处得好好的，当我买东西的时候，也会主动地替我结账。结果不久之后，当他的第三张信用卡被我刷爆之后，就再也不敢和我去商场了，最后还落了个分手的结局，说他养不起我。

这件事对我的打击不小，也曾经发誓不再这么疯狂的购物，那些钱包里的信用卡都是导致我提前消费、超额消费的罪魁祸首，我把它们都注销掉……这样一来，也确实过了一阵消停日子，只是这种超前消费的观念似乎已经深入我心，不久之后，就忍不住旧态萌发，还是去办了一批信用卡。就这样，再次陷入了欠款和还款的深渊中。

恋爱面面观&消费智囊团

信用卡的出现解决了许多人的“囊中羞涩”问题，不管是多贵的东西，即使没有现金支付，只要一想到还可以刷信用卡，心里的购买欲望就开始无限制的膨胀，在无意识的情况下买走比正常情况下要多得多的商品。这种购物的快感在下次还款的时候就被冲刷得一干二净，责怪自己怎么这么冲动买了这么多东西。信用卡既是魔鬼又是天使，究竟扮演什么身份，当然得由自己来决定。

两人分担观VS明确消费责任

◎一个人是月光，两个人就不会了

有一些人，向往谈恋爱的目的是因为：觉得一个人的钱不够花，两个人就可以分担一部分的消费费用。当然，这只是一小部分的想法，因为谈恋爱后两个人一起消费是自然而然的事情，但是这并不意味着这是一个1+1＞2的买卖。

在一个中等城市，月入4000基本上算得上是中产阶级，可即使是这样的人，一到月底就四处借贷的不在少数，其中多半是爱情账单压得人喘不过气来。伙食开销、房租、交通和通讯费加起来就早已经突破千元大关；每周末两人一起去逛街、看电影、泡酒吧，再加上每个月置办行头的花费，数千元就没有了；如果碰上了各种节假日，这个数字还要翻着倍儿的往上走。恋爱三年，为爱的花费要超过10万！难以想象吧，但事实确实是如此。两个人的开销不会比一个人的时候小，很多恋人因为没钱买不起房，至今难以谈婚论嫁。

◎不要将消费能力寄托在他的身上

单身的“月光族”看到那些有男友的女生们，总是炫耀着：“这个GUCCI是男友送的。”“我男友昨天给我买了一瓶Chanel香水呢。”是不是很羡慕？以为两个人在一起就可以有更多的钱，可以买更多的东西呢？

除非对方交往的是吸金能力极强、收入来源十分稳定的“多金男友”，大多数风光炫耀背后的故事其实比炫耀本身更为精彩，因为可以想象在一掷千金后，作为消费方的男友在接下来的半个月中，是如何“啃馒头”度日的。当然，这只是个玩笑话而已，却也是当今很多谈恋爱的人的现状。

在谈恋爱的时候倍感甜蜜，为了心爱的人可以一掷千金，在“以人为本”的今天，年轻人似乎比以往任何一代都更加会享受生活的乐趣。信用卡的出现正好就满足了他们享受当下的消费态度。对于价格不菲，却又在消费能力以外的物品，通过信用卡的分期付款就可以解决。这也就导致了情侣在进行消费时，只顾及了当下购物的快乐，却忽视了两个人的还款能力，宁可花钱花到透支，也不愿省下一点来应付长辈们口中那个可能一辈子都碰不到的“万一”。

对于价格不菲，却又在消费能力以外的物品，通过信用卡的分期付款就可以解决。这也就导致了情侣在进行消费时，只顾及了当下购物的快乐，却忽视了两个人的还款能力，宁可花钱花到透支，也不愿省下一点来应付长辈们口中那个可能一辈子都碰不到的“万一”。

刷卡狂人VS削减开支

◎身上的卡越多越有安全感

这年头，宁可没有男朋友，身上也不能没有卡。各个银行的信用卡，商场的打折卡、会员卡，琳琅满目的卡片总是将钱包里都塞得满满的。殊不知，这些卡片看上去会给购物带来很多的实惠，好像能够节省很大一笔钱，但实际上，它们就像一把开启购物欲望的钥匙：一想到可以打折，就会不自觉地多买一些非必需品；一想到可以下个月再还钱，就可以堂而皇之地刷下金额昂贵的大件物品。

如果恰好男朋友也是个在花钱方面大手大脚的人，两个人就很有可能出现严重的经济问题，而经济基础不牢固，是最容易让爱情失衡的。而且有的人用着男友的附属卡，用起钱来就更加无所顾忌，难免会让男友心生不满。

◎削减开支从钱包瘦身开始

恋爱的两个人发展到最后，终究是要走进结婚的殿堂，为了今后的生活没有负担，就应该在恋爱时建立良好的消费模式，让两个人的收入能够得到最大的发挥，而不是好像什么都没买，但是钱却没有了，这会给两个人今后的相处带来一定的隐患。而改变消费方式，首当其冲的就是为自己的钱包瘦身。

首先就是为信用卡瘦身。一般来说，一个人两张信用卡已经足够了。在使用时，要看好相关使用说明，购物、吃饭、出行，刷卡积分不耽误；记住结账日、还款日，每月还贷、消费明细一目了然；银行针对信用卡用户还经常会有积分的活动，利用好每一次积分翻倍、取现免手续费、抽奖、兑换机票等优惠活动，能够在节省MONEY的同时，享受信用卡带来的积极作用。当然，超前消费不等于超支消费，控制自己的消费欲望还是最重要的。

其次，还要多多了解信用卡的各种功能，比如说用信用卡套现，最直接办法是用信用卡的预借现金功能来取现。

目前国家规定，预借信用卡现金每天最高提款金额是2000元。如果取现的话，除了要收1%～3%的手续费外，还不能享受25天到56天的免息期。相比之下，替朋友刷卡“套现”并及时还款，银行的收益只是从商户收取1%～2%的结算手续费，持卡人没有任何费用支出。这样的做法也可以沿用到和男友中间来，如果来年各个人共用一个信用卡账户，一个人拿主卡，另一个人用附属卡，这样两个人的消费积分可以合并；而且在刷卡购物时，两个人都能够对自己和对方的消费情况做了解，互相监督，减少冲动性消费的可能性。

财女贴士

目前，信用卡的使用已经非常普遍了。各大银行都推出了各式各样的信用卡消费服务，凭信用卡在看电影、上餐馆等娱乐活动时都有许多的优惠活动；尤其值得注意的是，为了“笼络”女性——这一潜力巨大的消费群体，许多银行的信用卡都设计得颇为新颖时尚，增加了信用卡的申请数量。但用信用卡的时候不能毫无节制，否则后患无穷。

5 不让爱情有去无回——恋爱博弈术

情金PK的那些事儿…

我对于感情向来开明，能够相伴到老是好事，但两个人如果有一天都不爱对方了，就开开心心地分手；最看不惯的就是周围的女性朋友们，明明知道对方背叛了自己，还是陷在其中不能自拔，反倒还更加爱对方，最后让自己受伤害，何苦呢？

前一阵子，有个女友跟我哭诉男朋友劈腿。其实她早知道男朋友有些花花肠子，但因为爱得太深，所以一直装作不知道，不仅没有拆穿男朋友的真面目，还由着对方去花天酒地。女人就是这样，越是抓不住的，越是想拼命去争取，结果自己越陷越深，等到男友劈腿已成事实，说出分手二字，她才醒悟过来，不过为时已晚。她一个人在这里暗自流泪，久久不能忘记，却看前男友那边已经开始了幸福的新感情，两边一对照就可以看出，在这场爱情战役中究竟谁赢谁输。本该可以减少伤害的女友，最终却还是选择了“自我伤害”。

恋爱面面观&消费智囊团

恋爱其实就是一场危险的游戏，从确定恋爱关系开始，就注定要有赢家和输家，每个人都想成为爱情中的胜利者。只是这场游戏并没有人们想象中那么好玩，要想成为最后的赢家，就要看谁能够掌握游戏的博弈规则。因为恋人不仅是亲密的朋友，同时也是“敌人”；既要通力合作，也要学会和恋人进行对抗，这样才能在对方围追堵截的围剿中，利用反围剿的手段获得爱情的最终胜利。在这场博弈的过程中，爱情的智慧决定了最后的“赢家”，大家当然都希望有双赢的局面出现，但是一旦发现在这场“战争”中没有赢家，保证自己不受到伤害则是最后的底线。

付出观VS“斤斤计较”

◎爱他就是只付出，不计较回报

再聪明的女人到了恋爱中，智商就变成了零，人们总是称她们是“傻”女人。其实这种女人并不是真的“傻”，只不过将爱情放在了一个比较重要的位置，一门心地对对方好。对方好的时候，要多爱他一分；对方不好的时候，觉得要帮助他变好，更要多爱他一分，这样一来，不知不觉中就增加了对爱情的付出。嘴上说着爱他是自己的事，与他无关，但是一份永远都得不到回应的爱情，其实并不是想象中那么容易接受的。当发现在恋爱的过程中只有一个人单方面付出的话，产生矛盾就在所难免。最明显的表现就是在吵架的时候，说："你根本不爱我。"其实并不是不爱，主要是你爱他过多了而已。一旦两人感情出现问题，付出的一方用来治疗恋爱伤痛的时间势必要长一些，这也是没有办法的。

最现实的做法就是在恋爱的时候，就要学会在爱情中"斤斤计较"，不要将自己所有的爱都付出在他的身上。随时为爱情"加减分"能够让人保持清醒的头脑，不至于在盲目的爱情里迷失了方向。

◎算清你和他的感情

这里所说的"斤斤计较"，并不是指要去计算今天谁用了谁多少钱，谁说了几句我爱你谁又没有说……要计较的是，如果他对你的爱增加一分，你就在他爱的基础上再多爱一分；如果他的爱减了一分，你就在他的基础上减去一分。只有做到这样的"针锋相对"、"睚眦必报"，才能在恋爱中获得最大的收益。

在爱情里不顾一切的人，会把自己的精力，财力，时间，甚至是生命都放弃，听起来似乎是件非常值得敬仰的事情，但这样的人其实是糊涂虫，在这种情况下被对方甩了，还引以为豪呢，以为自己是爱情的绝对"忠贞者"。要知道，在爱情的博弈中，最好的情况当然是双方都不变心，大家做比翼鸟、为连理枝，这是最好的结局；如果都变了心，那么这种效果也还不错，你走阳关道，我过独木桥；但大多数情况下都是只有一方变了心，并且已经找到了更合适的伴侣，而另一方却傻傻地守着已经逝去的爱情表示要"忠贞不二"。这样看来，哪怕是分手后寻觅到新欢的一方也还是幸福的，甚至比许多勉强结合的情侣还要幸福，因为他找到了更好的爱人；但是被抛弃的一方却是不幸的，甚至比两个人都变心的结果更加地不幸，因为自己付出的终究没有得到回报，想想就挺不幸福的。

每个人都无法保证自己的爱情是否会天长地久，但是也不要惧怕会分道扬镳，更加不要在恋爱结束之后还执迷不悟。最现实的做法就是在恋爱的时候，就要学会在爱情中"斤斤计较"，不要将自己所有的爱都付出在他的身上。随时为爱情"加减分"能够让人保持清醒的头脑，不至于在盲目的爱情里迷失了方向。

感性恋爱观VS理性看待

◎没有敌人，只有爱人

有时候说爱情是盲目的，其中一个重要的原因就在于：坠入爱河的时候，控制大脑的往往不是神经，而是激素。因此谈恋爱的人在形容自己的爱情的时候，经常会觉得那就是“瞬间迸发的灵感”，一阵“头晕目眩”就认定自己爱的人就是他了。因此在恋爱的初期总是感性思维在进行主导，脑子里充斥着“我爱他的一切，我要对他好。”这类的思想，在这个时候恋人就好像是另一个自己一般，亲密都来不及，哪还有时间考虑对方是不是“敌人”呢？

等到这股热情冷却下来，平心静气地回顾这一段感情的开始和发展，许多人就会发现这和自己当初料想的并不一样，他不是董永，她也不是七仙女。而这一过程通常不会在两个人中同时发生，而是先后有序，先清醒过来的那一方，会重新开始思考，这段恋爱是否是必须的；如果不合适，就果断退出，只剩下还留在感性恋爱中的另一方空悲叹。在感性时期投入的越多，那么从这段感情中恢复的时间就需要得更长。

◎誓约不代表永恒

在爱情的博弈论中，有非常重要的假设，那就是：假设恋爱的双方都是理性的；假设不存在后来的加入者，也就是第三者。即使是这两点，要做到也非常的难。

恋爱的初期，也就是正式确定关系之前，恋爱双方通常都是理智的；而等到慢慢进入到热恋期，就会逐渐转变到感性的阶段；随着恋爱的深入，感性又会自行转变为理性，这是恋爱的必然趋势。要在这么曲折的恋爱过程中实现天荒地老，着实不是件容易的事情，这就需要一个重要的催化剂，那就是誓言。

在恋爱进行到一定阶段，恋爱的双方就基本泡在一起，以避免产生“加入者”，而这还远远不够。要增加两人的感情，非得有誓言不可。人的恋爱期，大约是发誓发得最多的时期，什么天荒地老海枯石烂、你是风儿我是沙的，甭管是什么誓言，目的都是为了让恋爱的双方进入到一种感性的状态，加速爱情的发展。他们用这种方法希望彼此能够忠诚，换来一个博弈的最好结果。但这个世界上如果有什么东西是可以永恒的话，那一定不是誓言。爱情的悲剧往往就是从违背誓言开始，那这样是不是就意味着不可能有成功的爱情呢？因为不可能存在没有誓言的爱情啊。但是事实上，还是有很多情侣生活得很幸福，也终生相守。其原因就在于他们非常理性地相信了誓言并不代表永恒。口里说的永远都好听，而真正起作用的还是实际表现，他们更加看重誓言的实践过程，并且亲身参与到这个过程中去，一并就把爱情维护了，这才是爱情中真正的博弈高手。

财女贴士

不管是敌人也好，朋友也罢，在恋爱中的双方都应该做到真诚相待，不要计较太多。不要盲目夸大对方的好，也不要随意忽视对方的不好。毕竟是有可能会陪伴一生的人，面对的就不只是他的好，也是他的不好。理性地看待，才能更好地宽容和理解。因为在这场爱情博弈中，只有产生两个赢家，才是真正的胜利。

6 深度恋爱，消费模式也更新
——偶尔买单彰显公平

情金PK的那些事儿…

认识的第一天起，我和他的约会就从来都是他来买单，这已经成了一个约定俗成的事情了。不管是吃饭看电影，还是逛街买衣服，他总是先拿出钱包。刚开始那会儿，我觉得每次都让他付钱，也挺不好意思的，有时候会提出来由我来付账，可是他说："还是我来吧。"通常这种时候，我就不会再坚持了。久而久之，我就不再提付账这回事了，甚至有时候出门连钱包都不带。

有一次坐公交的时候，他没有零钱，问我有没有，我把口袋一翻，一毛钱都没有。他看着我叹了口气，就不再说什么了。自从那次之后，我突然觉得这样对他挺不公平的，大家都是辛辛苦苦赚钱，我的工资就可以分文不动，要么就花在了买衣服和化妆品上，却从来没有为他花过一分钱，而他的工资却要供我吃喝，还要生活，确实挺不容易。

于是在这个周末的晚上，在餐馆吃过晚饭后，他习惯性地掏出钱包，我却抢先一步把钱递了过去。他非常惊讶地看着我，我说："今天轮到我请客。"他笑了，说："好吧。"我第一次发现请心爱的人吃饭是一件很开心的事情，重要的是，偶尔请客，他下次掏钱就更心甘情愿了。

恋爱面面观&消费智囊团

从初次约会慢慢过渡到热恋期，恋爱双方的关系变得更加亲密，脑子里会不时出现"我会和这个人共度一生"的想法，这种观念的改变最先体现在恋爱的花销上。用对方的钱开始变得理所当然，以前的AA制也渐渐开始退出历史的舞台，新的消费模式慢慢开始形成，并逐渐成为在今后很长一段时间内占主导地位的模式。

理所当然VS糖衣炮弹

◎男人买单是理所当然吗

买单是男人的事情，这恐怕是大多数女人的共识。约会初期的时候，享受被追求的感觉，男生是不是主动买单往往成为是否决定交往的一个考验环节；等到了热恋期，等着对方买单不由自主地成为了一种习惯，似乎男人付账本来就是天经地义的。

这是为什么呢？因为他赚的钱比较多？还是因为这样就能保证你在这场恋爱里是“无本投资”，就算到时候失恋了，也不会造成更大的损失？又或者，你觉得你们早晚会结婚，所以必须要有一个人的钱能够存起来，才能让今后的生活有保障？

其实一顿饭、一场电影、一件衣服等是花不了多少钱的，时间长了也许并不会意识到有什么不妥，因为一般来说，男人从来都不会当面提出来这次该轮到对方买单。但这并不代表在他们心里，也认为由自己买单是理所当然的。

其实一顿饭、一场电影、一件衣服等是花不了多少钱的，时间长了也许并不会意识到有什么不妥，因为一般来说，男人从来都不会当面提出来这次该轮到对方买单。但这并不代表在他们心里，也认为由自己买单是理所当然的。

◎偶尔给他点甜头尝尝

恋爱里的投资，要实现完全公平是不可能的，特别是当关系进入比较亲密的阶段后，在消费上就很难分出个彼此，更别说去计较谁花谁的钱比较多了。但是约会仍然得继续，何不尝试一下主动地买单呢，虽然只是一顿饭或是一场电影，却是小投资大回报的典范。要知道，每个人在恋爱中都是平等的，都有享受被疼爱和被照顾的权利，时不时地给他一点甜头，能让他感受到你在恋爱中与他平等的地位，这样一个知情懂理的女孩，也是男孩子乐意接受的。

7 巧手织就浓情

——DIY礼物，送出的可不止是甜蜜

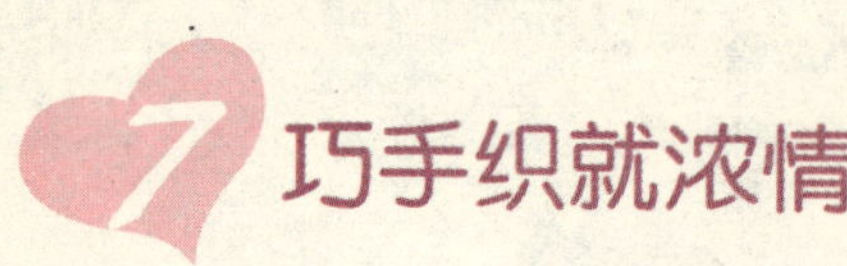

我最害怕的事情就是过节。每到什么情人节、圣诞节，还有男朋友的生日，以及各种各样名目繁多的纪念日等，数着日历上的这些日子快到了的时候，就要开始着手准备礼物了。有人说，不过那些节不就完了么，也省了送礼这些烦心事。可是作为谈恋爱来讲，每个人都希望在特殊的日子里给爱的人一些有价值的回忆不是吗？所以，礼物还是省不得的。

细数一下我在节日里送过的礼物，就今年来讲：情人节的时候送了他一块手表，花了5000多块；紧接着是他的生日，送了一条领带，花了800元；10月份是我们的认识周年纪念日，我在豪华西餐厅订了一桌两人的烛光晚餐，花了好几百；这马上圣诞节就要到了，我还没想好送什么……每年光这笔送礼的开销，就能把我穷死，可是一想到平时逛街啊、吃饭啊，基本上都是他掏钱，在这些特别的日子里只好哄哄他咯。

互送礼物一向都是恋爱消费中的重头戏，再加上恋爱中的诸多纪念日，让礼物花销成为恋人之间不得不面对的“必要开支”。通常人们都会选择价值不菲的礼物来表达自己的感情，就像《欲望都市》中的Carrie在结婚纪念日的时候，送给了男友一款限量的手表，而自己最希望得到的是一件珠宝。这大概是许多女人对于礼物的期待吧。

只不过男人在这方面总是让女人失望，一方面主要是男人总是缺少主动送礼物的“眼力劲儿”，另一方面男人挑选的礼物也总是和女人希望的有差距——他们从来都不会注意到女人的暗示。

重礼观VS礼小情大

◎礼轻情不重吗

礼物往往是对对方感情的表达，礼物的贵重程度“当然”和感情的浓淡有关系。但是贵重的礼物，无外乎就是珠宝首饰、数码产品等物品，虽然有一定的纪念价值或是实用意义，

但是价格通常也非常昂贵。对于收入并不是十分稳定的人来说，这无疑是一笔不小的负担。特别是信用卡的普及之后，超前消费让贵重礼物的赠送变得如同家常便饭一般。在讨完了对方的欢心之后，再在家啃泡面嚼馒头的大有人在。这种消费方式形成一个恶性循环，在将欠款还清之前，又会有新的开支产生。

◎注重心理价值，让小礼物充满爱意

人们盲目地去追求昂贵的礼物，以为这样就能讨得对方的欢心，却忘记了礼物的本质是在于表达自己的情感，并不是礼物越贵情意就越深重。中国有句古话这样说：“千里送鹅毛，礼轻情意重。”意思在于，送礼的目的不在于礼物有多么贵重，只要有感情在，哪怕是一根小小的鹅毛也是会让人感动不已的。

中国有句古话这样说：“千里送鹅毛，礼轻情意重。”意思在于，送礼的目的不在于礼物有多么贵重，只要有感情在，哪怕是一根小小的鹅毛也是让人感动的。

而爱情就是一个完美的放大镜，它会在不经意的时候将某种力量放大。因此，即使是一件在外人看来一文不值的物品，如果选择在某些特定的场合进行赠送的话，会起到意想不到的效果。这就是礼物的心理价值。

这件礼物也许是一张已经作废的电影票根，也许是一枚口香糖纸做的戒指，却是恋爱当中最珍贵的回忆，让它在特殊的日子里显得无比的珍贵。这样的礼物虽然没有什么实际的价值，但是对于对方来说，它的价值远胜于任何的金银珠宝，因为里面承载着满满的爱意，还可以作为永久的珍藏，非常具有纪念价值。这就要求送礼物的人足够的细心，从细节和内心出发，寻找真正能够触动人心的东西。相信这样的小礼物会让对方在收到的时候感动得热泪盈眶。

崇拜品牌观VS个性化定制

◎商场VS手工，精致VS粗糙

一份好的礼物通常都具有“雪中送炭”的实用，或是“锦上添花”的完美，最好是送出去的时候能够有让人眼前一亮的惊艳。鉴于这个理由，人们在选择礼物的时候，自然而然地会选择去商场购买，认为从商场购买的东西无论在品质上还是外表上都更加让人满意。

如果能够寻找到这样一份既实惠又适合的礼物固然是好事，如果没有找到的话，自己亲手做一份礼物也未尝不可。

◎崇尚个性化，DIY的礼物既有心又实惠

现在，年轻的情侣们互诉爱意的方式已经不再拘泥于“烛光晚餐”了，互送礼物的时候也更加注重和追求个性化。一般的情侣饰品店的东西对他们来讲缺乏新意，亲手制作一份独一无二的礼物才有意思。

现在的DIY商品的种类繁多，比如说可以制作情侣手印泥、情侣饰品等，还可以将情侣的名字、照片等印在自己设计的情侣T恤、情侣内裤和情侣杯上，甚至还可以亲自动手，制作巧克力、饼干、蛋糕等，不仅能够解决送什么礼物的问题，两人在动手操作的过程中还可以体会到操作的乐趣，加深双方的感情。虽然有时候出来的成品不会像商店购买的那样完美，但是这是仅属于你们两个人的物品，是世界上独一无二的，因此就被赋予非同一般的含义。

有一些喜欢自己动手的女孩子，还可以绣一些十字绣的抱枕、无纺布的小饰物等等，在纪念日到来的时候给他一个特别的惊喜。还记得《流星花园》里贫穷的杉菜送给道明寺的生日礼物吗？在一堆的名牌礼物背后，道明寺却对杉菜的有点烤糊的、卖相难看的饼干情有独钟，这就是享受喜欢的人DIY礼物的魅力。

而且，DIY礼物相对购买成品来说，价格比较适中，一般人都能够承受，因此成为许多口袋里钱不是很多，又崇尚个性的年轻人的追捧。

财女贴士

就普通的白领或是工薪阶层的人来说，礼物的花销往往占据了恋爱消费的一个重大部分。现在的礼物动辄就是几百上千元，要找出一份拿得出手的礼物并不是那么容易，而且还不一定讨得对方的欢心。相较而言，目前市面上比较流行的DIY活动，例如陶艺、糕点等，价格通常比较适中，重点在于两个人共同创造和参与的乐趣，既增进了感情又节省了钱包，可谓一举两得。

8 非常2+1，甜蜜不打折——建个恋爱账户吧

情金PK的那些事儿…

谈恋爱的时候，最怕的就是碰到和经济有关的纠纷。想想看，如果和男友因为钱的问题而吵架，那也太没意思了吧。可偏偏我和男友的矛盾总是来源于钱这个俗物。想起来也真是奇怪，男友平时挺大方的，特别是对他的朋友，总是隔三差五请吃饭，出去玩也总是他来买单，整个就是一"任宰的小羔羊"。但是一和我在一起就不一样，总是挑剔我花钱太多，一会说："这件衣服实用性不高，不应该买！"一会说："那双旧鞋子还没坏，修修就好了，别忙着买新的。"诸如此类的例子数不胜数，好像突然变成了守财老头葛朗台。

为这事，我没少和他闹腾。只要他开始说我花得太多，我就反驳他："总比你花在外人身上要好。"而他居然说他的是人情投资，还说我花的是我们共同的钱——开什么玩笑，我花的可是我自己的钱。大概在他看来，我花了自己的钱就相当于花了他的钱，因为这是我们以后的共同财产。什么破理论嘛，那这些人情的事情难道就不是相当于也花了我的钱，可是对于我来说却一点好处都没有啊。

恋爱面面观&消费智囊团

相比恋爱之前和之初的时候各花各的钱，至少还两不相欠。等到关系更近了一步，在钱的问题上反倒变得不清不楚起来。今天用你的钱吃饭，明天用我的钱买衣，似乎已经到了不分彼此的阶段。但是这种"和谐"的景象只存在于表面，一旦遇到数额比较大的开支，或是两个人的公共支出，那到底是用谁的钱呢？恐怕用谁的都不会甘心，这个时候矛盾就出现了。如何处理恋爱后两个人的收入分配问题，就成了不少情侣要面临的实际问题。

共同分担观VS合作消费

◎从恋爱起，花钱不再是一个人的事

总以为谈恋爱后一个人就可以花两个人的钱，这钱怎么算都应该是有富足的，可是结果到了最后，由一个人月光，变成了两个人一起月光。不但没有任何存款，反倒比之前一个人

的时候还多出了不少的开销，随着交往的深入，两个人的收入都没有结余，这样下去，爱情肯定会不堪重负。毕竟，恋爱还只是“播种”的过程，而想要“开花结果”的话，就不得不为今后的生活考虑，这就需要储备一些资金。

◎建立爱情账户

沉浸在爱情中的人们，对于现实的顾及可能会少一些，但是随着爱情的稳定发展，就不能不加大对于生活实际情况的考虑。再说，谈恋爱的时候，往往是男生投入的资金要多一些，他们投入了这么多的“爱情资金”，却也不能保证万无一失，毕竟现实生活不能完全靠感情来支撑，变数是非常大的，因为感情破裂而造成人财两空的情况，这是谁也不愿意看到的，为此而引发的经济纠纷更是伤感情。因此，最好的办法就是建立一个属于两人的爱情账户。

在爱情账户建立之前，应该和对方说明建立爱情账户是出于什么样的考虑，不要贸贸然地就实施，否则会让不明就里的对方产生失落的情绪。像这种对于双方未来都有好处的计划，只要认真说明，对方通常是不会反对的。

总以为谈恋爱后一个人就可以花两个人的钱，这钱怎么算都应该是有富足的，可是结果到了最后，由一个人月光，变成了两个人一起月光。

这个账户可以是两个人中任何一个人的名字，从建立账户的第一个月起，每次发工资时就分别往账户里存一笔钱。每个人存钱的比例按照实际情况定，但是最好两个人存得一样多，比如说，每个人同时往账户里存入500元，对于一般的人来说还是没有问题的。即使两个人在一开始收入就不是均等的，这也没有关系，可以双方都拿出自己能承受的数额，如果工资高的人自愿多存入进去，那当然也可以，因为这个账户是必须建立在完全自愿的基础上，只要存进去的钱，就变为了双方的共同财产。以后每次出去玩，不管是吃饭、看电影还是旅游，都带着这个账户，所发生的费用全部从这个账户里支付。

建立爱情账户最重要的事情就是坚持，说不定在两三年之后，还能有不少的结余，连去国外度蜜月都不成问题了；再者就是不能单独随意动用，如果是私人的事情，就不能使用账户里面的财产。即使万不得已，到最后分手了，把账户里的钱对半分了，也不会有其他的损失。

女权观VS“第三方”保管

◎谁来掌管爱情账户

爱情账户虽然是两个人的共有财产，但是究竟谁来保管，写谁的名字，这都是情侣们需要考虑的问题。一般来说，愿意建立爱情账户的男士们为了体现自己对对方的爱护，会主动将掌管的权利交给女生，利用女生的细心进行管理。即使是有了共同的财产，也不意味着可以瞎花瞎用，要明白这个账户是为了给将来的生活进行储备，如果仅仅是为了避免分手时的经济纠纷的话，那就失去了爱情账户的意义了。

爱情账户尤其考验两个人之间的信任程度，不管是交给哪一方，都掌管着实际的采用时的操作权，必须自觉遵守两个人在建立账户时定下的规则，如果没有这么做，很可能会让彼此间的信任大打折扣。

◎到银行找个账户管家

爱情账户建立起来了，但是账户通常只有一个人的名字，万一到时候吵架了，翻脸不认人的大有人在，难道没有联名存款的业务吗？所谓的联名账户，是指由两人或两人以上以联名的形式开立的储蓄存款账户，但是在成为法律上的配偶之前，情侣们一般是不能在银行开立联名账户的。

虽然不能建立联名账户，但是一些银行开办的“理财”计划可以为伙伴关系建立关联账户。这种关联账户只能相互查询，但不能直接使用对方账户的资金。只要到相关银行，开户人本人可将指定的凭证（包括借记卡、活期一本通、定期一本通、存折、定期存单、凭证式国债）授权伙伴或朋友查询，从而实现对共同账户进行联合资金监督的目的。这样可以让个人资金更加透明，还可以相互监督，减少不必要的冲动性消费。

财甘贴士

建立爱情账户已经逐渐被大多数年轻情侣所接受，使双方的恋爱权益都得到了保障。但是要注意的是，爱情账户中的每一笔花销最好都要经过双方的同意，账目应该完全明朗化。私人的花销绝对不能从共同账户中进行预支或是借用，一旦开了这个先河，这个账户中的账目就很难做到明了，和没有建立时就没有分别了。

"疯"花雪月的旅行
——爱情畅游别让钱包告急

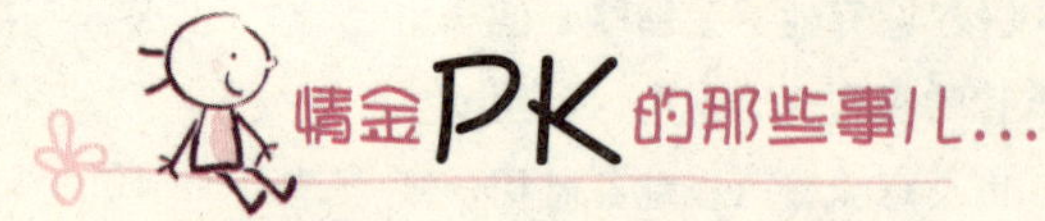

现在的假期越来越多了，不管是端午、清明这样的小长假，还是国庆、春节这样的大长假，都让人忍不住蠢蠢欲动，想要出去旅行一番。

我和男友在对待旅行的态度方面挺一致的。我听说有些人连出去旅个游都会计算着哪里最便宜，哪里的景点类似可以不用看，甚至还有人专门找到各个景点逃票的方法……我觉得这至于吗？出去旅行就是为了放松心情，所以我和男友都觉得既然是释放压力，让生活多点乐趣，那该花的钱就不能省。要舒服的话，好的住宿环境肯定是少不了的吧，我一般都会选择三星以上的酒店居住，安全和卫生都有保障；要方便的话，快捷的交通工具肯定也不能含糊，为了最大程度地保证我们有充分的玩耍时间，坐飞机当然是最快的咯；至于在旅行过程中品尝当地美食，给家人和朋友带纪念品，那更是少不了的环节。

这些不都是旅行的时候都会做的事情吗？那为什么只有我们每次旅行一趟，就好像伤筋动骨一样，钱包多瘪了一大半，得好长时间才能缓过来。一看别人，出门一趟，景点也看了，玩得也不比咱们少，但是钱却没有花多少，这是怎么回事啊。

旅行是增进两个人感情的好方法，同时也能释放生活和工作中的压力，因此，越来越多的年轻人选择在休闲的时候出去旅行。但是很多人在旅行一趟回来之后，立马就会变成“穷人”，给接下来的日常生活造成困扰。想要玩得好，又不花太多的钱，这可是一门学问哦，同样也需要有计划地进行支配，这样才能“玩得开心，花得舒心”。

随心所欲观VS“计划消费”

◎两个人的旅行不要随性而为

最渴望的旅行，是不是像三毛那样，随性而为，想要去哪里就去哪里，从未知的旅程中才能获得乐趣——如果你是一个人，并且有足够的钱和足够的时间，你当然可以这样做。可倘若你和他现在都还只是靠工资吃饭的打工族的话，还是先放弃这个念头吧。随性而为的旅行是需要有资本的，而在资本积累的初级阶段往往很难做到这一点。

一次没有计划的出行，带来的后果通常都是会花掉比一般情况下更多的钱；更糟糕的是，还有可能让两个人在旅行中，因为一些事先没有计划好的变故而发生口角。因为当人身处一个陌生的环境时，往往需要更多的关怀和信任，一些很小的事情都有可能给旅行留下阴影。多花了钱还是小事，伤了感情可是很难弥补的。

倘若你和他现在都还只是靠工资吃饭的打工族的话，还是先放弃这个念头吧。随性而为的旅行是需要有资本的，而在资本积累的初级阶段往往很难做到这一点。

◎旅行时，请回到计划经济时代

如果决定要去旅行，不妨在一个月之前就开始设定旅行的目标。比如说，如果两个人的旅行预算是5000元，那么这5000元应用在哪些地方。像交通和住宿这样的花销是必须的，首先就应该被计算在预算金额之内；而且还要明确自己出行前，哪些物品是必带的，哪些是可以用这5000元支付的，留下一些可流动资金用来应付突发状况。

然后，找家信用好的旅行公司合作。不要以为“驴友”是那么好当的，在没有足够的旅行经验，和足够的时间研读旅行攻略的时候，和旅行公司合作是旅行的最好选择。也许你会觉得没自由，事实上如果事前和旅行公司协商好，需要保留什么服务，去掉什么服务，不要照单全收，就一定可以有个低价、轻松的旅行。而且还可以利用旅行公司和航空公司、酒店等服务机构的合作关系，省去自己订购酒店和门票等麻烦事情，还可以享受到一定的折扣，比自己捣鼓省事、省钱得多！但前提是你必须告诉他们，你的旅行目标，以免严重超支。

另外，最好还是选择淡季出游。一旦决定旅行，两个人最好能和各自的公司协商，利用好各自的年假等假期，从省钱角度来看，淡季旅行会让整个旅行过程更为惬意，又可享受低价酒店、机票和宽松的交通环境。

而且，可以采用就近旅游的方式。比如说家住南方，可到南部一些旅游地旅行，这样可省下一笔机票费，省下来的钱可用来住一次高档酒店。而对于时间宽松的人来说，可去国内稍远点的景点，或是国外的景点，但出发前最好先查清当地的货币流通情况、天气情况、是否处于旺季旅游等，以免影响心情，浪费钱财。

享乐观VS会花才会玩

◎旅行到底是省着用好，还是岔着用好

旅行毕竟不像逛街，不可能经常实现，因此很多人认为要想好好抓住得来不易的旅行机会，在用钱上一定不能省，是多少就花多少，要是连出个远门都要计较哪些该花哪些不该花，那就太累了。

但是，这样可能会让旅行的花费远远超过你的预期值。明明是计划的2000元的旅行，却在不知不觉中花掉了三四千块钱，而且还不知道花在了什么地方，等到下一次旅行的时候，又周而复始。

◎吃、住、行、玩，样样都有省钱窍门

住：出门在外，都希望住得又好又便宜。首先可以在出游之前打听一下要去的地点，通过网络、人际关系等多种渠道多方了解。选择旅馆的时候，交通方便非常重要，可以选择一些离旅行地点虽然不近，但是有直达交通工具的地方。这样的旅馆或酒店处于不太繁华地域，不仅便宜得多，而且还可能会为了揽客而打折、优惠。另外，现在各地都出现了一些颇具特色的情侣旅馆，不仅环境非常的温馨，而且价格对于两个人来说也比较实惠，可以在出行前在网上搜索一下，体验一下专属两个人的旅行乐趣。

玩：出门旅游，玩是一个最主要的目的，而且在玩上省钱是大有必要的，这样能确保自己玩得好，又不会花冤枉钱。首先对自己旅游的景区要简单了解，从中了解这个景区最具特色的地方在哪，必须要去的地方有哪些。在去观赏这些地方时，对一些景点也要筛选，重复建造的景观、或是没有区域特色的景点就不需要去了。其次是在旅游时，更应拿出一点时间去逛大街，看看景区和城市的风土人情，因为这么闲逛不需要花钱买门票，却能玩出好心情。

吃：旅行时吃可是重头戏。每个人在旅行时都想吃到有特色的食物，但是建议不要迷信那些宣传画册或是旅行公司推荐的所谓“正宗”餐馆，这样的地方往往已经颇具规模，食物的价格自然也是水涨船高。如果有时间的话，可以在出行之前多看一下当地的旅行攻略，去尝试一下“驴友”推荐的餐馆，虽然不那么出名，但是经过多人的

实地考察，应该还是经得起考验的，也不会太贵。同时可以选择性地购物当地的土特产作为纪念品，最好只购买一些当地产的且价格优于自己所在地的物品，价格便宜，又有特色。

行：如果是自助旅行，应该以自己的行程远近来决定。距离2000公里以上的，基本上选择飞机；500～2000公里范围内多选择火车；距离500公里以下的，人们则更多地选择了汽车出行。

财女贴士

很多人平时省吃俭用，为的就是在旅行时能大方的花钱，甚至有人认为，如果连玩都省着计算着，那也太憋屈了。虽然旅行的目的在于玩，但是并不意味着就可以大手大脚地花钱，任人“宰割”。如果能省下的费用，为什么要无缘无故花出去呢？还不如拿来买花戴呢。

爱情不是做生意——亏与赚的计算法则

和小王刚刚开始谈恋爱的时候，我没少在脑海里做思想斗争。我们俩的问题就出在他的自身条件比较好，是一个典型的“富二代”。也许这点会让不少人羡慕不已，可对我来说也有着不少的顾虑。当时追我的时候，我就看出来他其实是真心喜欢我的，只不过可能是因为家庭教育的关系，他总是将钱看得很重，就好像感情和钱是划等号一样，因此，总觉得自己有钱，我就理所应当和他在一起。有好几次我被他追求的诚意打动，但是只要一碰到他说什么：“你跟着我多好，不愁吃不愁穿，好多女人争着抢着来找我，我还不喜欢呢！”他每次说这话的时候，总是一副很骄傲的表情，我看到了就气不打一处来。

当然，最后我还是和他在一起了，但是说好了我们之间的经济是各管各的，在结婚之前我不会动用他的钱。但是事情总会出现意外，去年夏天的时候，我的爸爸突然生病住进了医院，需要很大一笔手术费，而我当时一时半会拿不出这么多钱来。没办法，我只好硬着头皮跟他借。原本以为按我们俩几年的感情，借点钱应该没有问题吧，没想到，我一提出来他当时就沉默了。后来在我的一再追问下，他才说，我们还没打算结婚，这笔钱借出去了还不知道你什么时候才能还，要是以后没有结成婚，就太划不来了。

他的话让我伤心透了，原来我在他眼里，只不过是亏本买卖。爱情又不是做生意，能用盈亏来计算的么？

爱情和金钱的关系，历来是人们谈论的焦点。很多人将金钱的多少和爱情的程度挂上钩，觉得爱情可以用金钱来“购买”。这个社会中确实存在一些对于金钱盲目崇拜的女人，愿意交换自己的感情，以得到物质生活的富足，但这样的人毕竟还是少数，大多数的人都还是相信感情和金钱并没有什么利益关系，就更不存在亏赚这一说了。

爱情盈亏观VS收复失地

◎感情亏赚，与付出有关，与钱有关

通常来说，感情里面是没有盈亏的说法的，如若将感情与“生意”划上等号，那么这段感情必定在一开始就是不公平的。所谓的不公平是指什么呢？就是说两个人中至少有一个人没有站在一个平和的角度看待感情，对于给予和得到是过于计较的。表现在什么方面呢？

简单点讲，今天我对你说了我爱你，但是你没有对我说，这就是不公平，因为我对你付出的爱没有得到回报；复杂一点讲，我为你洗了衣服叠好了，整整齐齐地码在柜子里，甚至还喷上了一点你最喜欢的香水，但是你根本没有注意到我为你做的这些小细节，随便往身上一套就出门了，我的关心没有得到你的赞赏和感谢，这也是不公平的。通常来讲，最难以解决的，那就是跟钱有关的感情“失衡”：没有谈恋爱的时候，我在节日里给你买花，带你去高档的餐厅吃饭，没事就送你点小礼物……但是最后你却不愿意和我在一起，我的所有花费都付诸流水，这不公平；我们好不容易谈恋爱了，你的工资分文不动地存着，吃、穿、住、行都是用我的，还美其名曰“总要有一个人攒钱”，那为什么攒钱的那个不是我呢？万一我们分手了，你拍拍屁股走人，存折里还留下了一大笔钱，而我呢，不仅失去了感情，还落了个两手空空，这当然不公平。

在感情上一旦有了亏欠的感觉，必定是其中的一个对感情有了更高要求，而恰好对方满足不了，因此才会出现“你亏欠了我”的想法。这也就是为什么现在很多年轻人在感情结束的时候，会向对方讨要分手费的缘故，他们知道感情已经收不回，只不过是想不要“输”得一败涂地而已。

通常来说，感情里面是没有盈亏的说法的，如若将感情与“生意”划上等号，那么这段感情必定在一开始就是不公平的。

◎扭亏为盈，做爱情里的“常胜将军”

在爱情里，最伤害人的行为之一那就是斤斤计较，付出了多少，就要得到多少。这其中的付出与得到，包括关心、爱，以及金钱。但事实上，完全平等的爱是没有的，就像是在中餐厅里吃饭的两个人，却非要用AA制来结账——谁还记得谁吃了几根白菜，喝了几口汤呢？

有一些偏执的人，因为害怕自己受到伤害，干脆就说，那我不付出好了，我只有不付出，才不会对得到怀有幻想；如果偶尔得到了，还是赚了，这样的无本经营，只赚不亏，岂不乐哉？这只是站在自己的角度来考虑问题，从另一方面来说，除非你不接受别人的给予，不然就是被拖进了这场感情的角力比赛中，到时候对方来向你讨要他付出相应的回报，该怎么应对才好。在感情里，总是觉得不快乐的人，无非就是觉得自己付出的东西没有得到足够的回报，所以就会总感觉自己是亏了的那一方，这样下去，势必会给感情蒙上一层阴影。那么，应该如何避免呢？

其实最好的方法就是不要去想自己亏了多少，而应该反过来想一想，我赚了的有多少？这就需要有一颗感激的心，对于别人给予的一点点好，都铭记在心，从内心感谢对方给予的巨大的恩惠，这样就能将感情中好的、快乐的一面进行无限地放大，这样不开心的那部分就自动缩小了，从而让你们的感情越来越牢固。

至于感情中的金钱问题，引用佛家的一句话，就是："施比受更有福。"当你为对方付出了金钱，付出了感情，换回的是对方快乐的笑脸，和真诚的感谢，谁说这是不值得的呢？在感情里的付出，永远没有值不值得，只有愿不愿意而已。

拜金爱情观VS看低金钱

◎爱情究竟值多少钱

将钱看得重的人，心里面必定是将钱放在第一位的，在遇到任何问题的时候，脑袋中就会自动地将是否会获得收益摆在了考量的第一位，对待感情也是一样。所以才会有那么多的人，将自己的人生理想定位于嫁一个有钱人。问题是，想要嫁的究竟是钱，还是人，爱情在里面占的比例有多少，这谁也说不清楚。

越来越多的人对金钱产生崇拜，感情也随之变得越来越脆弱，一点小小的金钱上的争吵，很快就会上升为导致两人感情破裂的导火索。也许现在的人真的把金钱看得比什么都重要，没办法，社会就是这么现实，感情不能当饭吃，只要感情不要金钱也不是长久之计。

有这样一个故事：一个电视节目里，主持人问一对热恋中的男女："假如有个中意的男人，想要5万块买下你的爱情，你愿意接受他吗？"女生摇头表示不愿意。主持人又问："假如有中意的男人，想要用50万买下你的爱情，你会愿意吗？”女生这是看了看自己的男朋友，还是选择了否定的答案。主持人继续追问：“假如一个你中意的男人，想要500万买下你的爱情，你会愿意离开你身边的男人吗？”这时，女生的男友突然大喊：“她不会这么做的。”结果，他身旁的女生非常冷静地说：“不，假如那个男人愿意出这么多钱买下自己的爱情，那他一定爱我比较多。”这个故事让我们知道，感情在金钱面前有时是非常脆弱的，没有金钱作为保障的爱情最后极有可能只剩失去了。

◎金钱在感情排行榜内，最好不要是第一位

生活在这个物欲的社会，不和金钱扯上关系几乎是不可能的，人们也渐渐地开始将金钱作为评判事物，以及评判一个人的标准，甚至很多女人将对方是否有钱，作为自己交往和结婚的首要条件。

将金钱做为感情天平的砝码，无疑是感情的悲哀。虽然想要什么都可以得到，但是心灵的空虚是用金钱弥补不了的。一旦将恋爱变为了一种感情和金钱的交易，就势必会产生谁亏欠得比较多、谁又“赚”得比较多这样的想法，这也是引发感情战争的导火索。

但是不可否认，在谈恋爱时，完全不涉及到钱也是不可能的，毕竟，现在的衣、食、住、行样样都要钱，金钱的多少在一定程度上是生活品质的保证。所以，并不排斥将金钱做为考量爱情的标准，但是它一定不能排在第一位。当一位钻石王老五站在你的面前，吸引你的究竟是钻石，还是他的本人，是首先要考虑到的。如果你是冲着他的钻石去的，相信他不是笨蛋，他也一定会知道，愿不愿意给你还是个问题；就算人家愿意把钻石给你，对于这样一件身外之物，掌握得了一时，也霸占不了一世，一段以金钱为基础的爱情注定很难长久，他将“钻石”收回，也不过是时间问题了。到最后，到底是谁亏了，谁赚了，你自己最清楚。

财女贴士

感情和金钱的关系其实很微妙，从以前的似有似无，到现在已经变得异常直接了。恋爱的时候花钱不说，分手的时候讨要分手费，把感情硬生生地变成了一笔“交易”，伤害了双方的感情，也让自己变得廉价。还不如将钱的事情抛到一边，谈一场轻轻松松，顺其自然的恋爱要舒服得多。

依赖和反依赖
——面对“倒贴男”得看情况定

别人都说女生是“招商银行”，专门负责招商引资，而自己不需要有付出；而男生就是“建设银行”，需要大量投资才有爱情的回报。但这种情况在我这里，却是完全相反的。

我的第一个男朋友是我的大学同学。那个时候刚毕业，他没有什么钱，但是我知道他一直有自己创业的梦想，看到他每天愁眉不展却还是强装笑颜的样子，我决定向父母开口，借一点钱给他。在那个时候的我看来，我们两个人早晚都要结婚的，现在付出一点帮助他成功，也算是甘苦与共吧。于是我不顾家人的反对，借着入股的名义，让他有了自己的公司。

从那以后，我就过上了精打细算的生活，每一分钱都省着，然后全部都交给他来用，还时不时地问父母要一些以作救急用。自从恋爱以来，我自己都不知道为他花了多少钱，我总以为，这些都是为我们之后的幸福生活做铺垫……没想到，事业眼看着进入正轨，他却提出了分手，理由是性格不合，还说欠我的钱会慢慢还给我。

我满以为经济上的支持，会让我们的爱情之路走得更快些，却换来这样的结局。这么多的钱，再加上我为他等待的青春，能还得清吗？

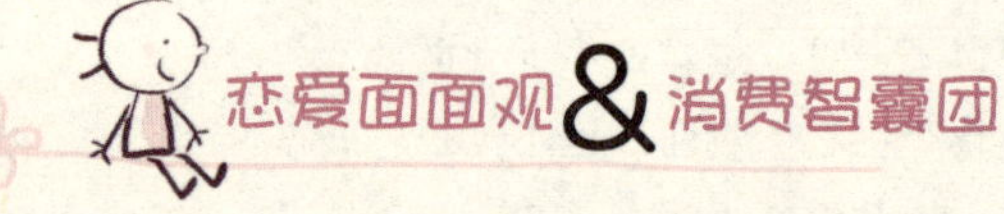

如果按以往的观念来看，女人往往被塑造成了小鸟依人的角色，承担着贤内助的角色，在生活上和经济上在很大程度上是依赖男人的。但是从现状看来，拥有自己事业的女人越来越多，她们在生活上独立自主，在经济上自给自足，真正实现了“巾帼不让须眉”。正因为如此，打破了一直以来的男人的主导地位，女人也开始为了追求自己的爱情，站到了追求者的位置，甚至不惜“倒贴”，为的就是得到一份满意的爱情。

投资观VS聪明投资

◎成功男人的背后必定有个经济支持的女人吗

名人的自传里面在提到爱情的时候，通常都会说：“想当年穷困潦倒的时候，是我的妻子在我身后默默地支持着我，陪我度过了那段最艰难的岁月，我很感激她为我做的一切。”

这样的话听起来是多么地感人，让我们都为这样的有苦有甜，笑中带泪的感情而感动，好像如若没有这个背后的女人，压根就不会有这个男人成功的一天。

大部分的女人都想成为成功男人背后的女人，再加上榜样人物的激励，很容易让人产生想要帮助身边的男人一展身手的念头。所以，通常在男人提出想要拥有自己的事业时，哪怕这只是一句玩笑话，也会被女人们当真，以为自己也会在不久之后成为他们嘴里提到的，所谓的“成功男人背后的女人”这个称号。为了实现这个理想，女人们绞尽了脑汁：你缺钱？好，我省吃俭用，求爷爷告奶奶帮你借；你遇到挫折，我每天想法子逗你开心，直到你重新燃起斗志为止……只要男人有成功的一天，女人们就可以傻傻地付出自己的全部。可是这样，真的能换回理想的婚姻和男人吗？

小心单方面的心甘情愿，换不回真正的爱情，反倒把他给推得更远了。

名人的自传里面在提到爱情的时候，通常都会说：“想当年穷困潦倒的时候，是我的妻子在我身后默默地支持着我，陪我度过了那段最艰难的岁月，我很感激她为我做的一切。”

◎不是所有的“潜力股”都有投资价值

有一句歌词这样唱到：“我为你付出这么多，你却从没感动过。”这句话用在很多女人身上都是非常适用的。付出了感情已经够悲惨的了，有的人却连身家都赔了进去，却还是一无所获。

通常女人愿意倒贴的男人，一般都是处于“潜力股”阶段，她们以为这样的男人都比较稳妥。但这只“潜力股”是不是真的有一天会变成绩优股，谁也不敢打包票。再加上人人都知道，恋爱中的女人往往是“愚钝”的，容易被爱情蒙蔽双眼，即使是不怎么样的男人，在她眼里也是一块被埋没的金子，还自欺欺人地说他是一个“潜力股”。就算是慧眼识珠，决定一个人成功的因素也非常多，一味地倒贴反而会增长对方的惰性，磨掉他的进取心和锐气，最终变得一事无成，甘愿躲在女友的温柔乡里享受衣食无忧的生活。

如果你有足够的钱，并且只在乎你们之间所谓的“爱情”，那就无所谓。但恐怕大多数女人选择“潜力股”男人，是因为相信这个男人在未来会给自己带来想要的生活，是能够收回在这之前在他身上进行的投资成本的，这支“潜力股”一旦没有按既定轨道发展，就相当于输个“血本无归”，所有付出的感情和金钱都将打水漂。

有经济学家曾调查，其实号称为“潜力股”的男人中，最后成长为了“绩优股”的人大概只有20%左右，剩下80%的人根本就没有“浮”上来，而坚信自己喜欢的人最终会成为成功人士的女人们，最后不得不接受他不过是个无名小辈的事实，而到了这个时候，钱已经花出去了，可谓是“赔了夫人又折兵”。

因此，必须认清身边的这个男人究竟是不是“潜力股”，再来决定是否值得进行投资才是上上策。

犹豫等待VS戳穿谎言

◎面对“倒贴男”，等待还是离开

让女人愿意倒贴的男人，通常还是有某一些“优点”的。比如说他可能很会甜言蜜语，让你觉得有爱万事足；他可能口若悬河，让你觉得未来一片光明……他就像一个极具诱惑力的诱饵，时时吊着女人的心。面对这样一个男人，说离开他吧，他每天都是信心满满跃跃欲试，好像随时都会一飞冲天一样，女人肯定不敢轻易放过这样的人选；说等待吧，这一晃就是几年过去，他还是整天无所事事，烟钱饭钱还要从女人手里抠。这就是“倒贴男”最让人纠结的地方了，这种看上去穷途末路，却随时有可能峰回路转的桥段，像极了好莱坞大片中的“小人物救世主”，让女人们乱了方寸，究竟是等待还是离开，这是个问题。

反复权衡之后，女人往往都会选择继续等待，因为她们对对方和自己的要求都降低了，认为有个倒贴的男人爱，总比没有人爱要好，这年头，“剩女”一抓就是一大把，更何况，这男人和婚姻就像买彩票一样，指不定哪一天中了就发达了呢。重新找又费精力又费时间，还未必比现在这个强，于是心一横，就认定他了。

◎自称怀才不遇的男人，只可能外遇

“倒贴男”之所以会心安理得地接受女人的救济，是因为有一个带有褒义色彩的理由撑腰，那就是“怀才不遇”。

怀才不遇的男人，无钱无权无事业，唯一有的就是雄心壮志，从

二十岁到三十岁，甚至到了四十岁依旧如此，但是这样的男人在爱情上是颇得女人赏识的。因为他们总是觉得自己很有才华，做事有自己的方法和套路，并且会时刻地提醒你：他总有一天会成功的。就这样，慢慢地你也会相信他确实是有前途的了，当生活中出现了这样一束希望的曙光，女人们自然就会把自己的感情以及金钱投资到他们的身上。

这就是女人不明智的地方了。一个男人，十年前怀才不遇，十年后仍然不遇，恐怕再等下去就只有外遇了。怀才不遇的称号通常不是别人给的，而是他们自己给予自己的一种定位，在他们眼里，自己已经是达到最好的状态，只等着遇见伯乐了，不肯被别人改变，也不愿去适应社会，指望着社会来适应它。因此他宁可继续怀着，厚着脸皮让女人来接济生活，也不愿对现实做出哪怕一丁点的妥协。如果遇上了这样一个男人，不只他有可能在未来的生活中什么都遇不到，连女人自己也可能跟着赔进去了。

财女贴士

现在广为流行的“剩斗士们”，通常都拥有着共同的特征：经济自主，性格独立。这样的个性让她们在择偶时往往更加挑剔；而另一方面，也更加期待能够遇到一场真爱。她们对爱情品质的追求，让其可以忽略在恋爱过程中究竟是谁主动，是否“倒贴”等问题。虽然勇气可嘉，但是也要小心遇到“情场高手”，最后落得个财貌两空的下场。

12 拒做杜十娘——对花心男坚决说“不”

和男友在一起的时候，我就留了个心眼。在和我之前，我就知道他有过好几个女朋友，主要是因为他确实长得比较帅，我当初也忍不住被他吸引，但是谈了恋爱之后，我才发现他对自己女朋友是多么的小气，而且喜欢做承诺，说是要和我结婚啊，以后我的钱就是你的钱啊之类的。刚开始还相信他，以为他终于“浪子回头”，打算安安稳稳地过日子。但是他说的和做的总是不一样，工作老是换来换去不说，最近还说想从我这借点钱做生意。我知道以他的能力十有八九是要亏本的，于是不想借给他，他就生气了，还说我不爱他。这怎么能和爱扯上关系呢？

老实说，我不是没有钱。自己工作这么多年，还是有一些存款的，我之所以说留了个心眼，就是因为我没有把我赚的钱的数目如实地告诉他，而是隐瞒了一部分，不然以他花钱的速度，肯定会反过来把我的钱都用光的。现在他果然开始找我借钱了，而且一借就是一大笔，我当然不会借给他，只能说没有。没想到，在我拒绝他之后，他马上对我冷淡下来，不久之后还和另外的女生好上了，说是对方的家里很有钱。我真是伤心透了，后悔当初不该相信他，和他在一起，好在现在还不晚，我要马上离开这个烂男人。

恋爱面面观&消费智囊团

还记得《杜十娘》的故事吗？深情的杜十娘不能忍受她想托付的李甲的辜负，将自己积攒的各种金银珠宝、奇珍异石一件一件地抛入滚滚江中，最后自己也纵身跳下，只留下了李甲空嗟叹。现代的“杜十娘”似的人物也不少，而花心男也越来越多。面对这样一群对于感情软弱，而且又心怀鬼胎的男人，当然不能像杜十娘一样以身殉江，那太不值得了。要做就做新时代的“杜十娘”，保护自己，不受坏男人的欺负。

迷信承诺VS有所保留

◎不要因他的承诺迷失了自己

对于男人的承诺，你会全盘相信吗？如果你们还处在恋爱的初级阶段，你还相信和向往完美的男人和浪漫的爱情，那可以姑且相信他，因为两人都还年轻，还不懂得承诺对于一段感情、对于女人来说有多么的重要，相信他，至少还可以对爱情保持着美好的想象。如果你已经脱离了幼稚，已经在社会上打磨许久，这个时候还被男人的承诺感动，然后掏心掏肺地付出，那就太傻了。

男人的承诺不是完全不可信，至少在他爱你的时候，说出来的承诺是真心的，就像李甲承诺带杜十娘回家一样。但是那也只是在很爱的时候，当他清醒过来，想到将妓女身份的杜十娘带回家要遭遇那么多的困难，不知道该如何去面对父老乡亲、面对自己家庭的时候，他就将自己的承诺抛诸脑后，转手将曾经心爱的女人让给其他人。所以，当爱情在遭遇现实的时候，往往不再会那么地顺利，而是会经历许多的坎坷，承诺在这个时候就变得不堪一击。如果女人将自己交给一个虚无缥缈的诺言，并且付出自己的感情、自己的身家的话，那就只有后悔的份了。

聪明的女人总是对男人的承诺表示认同，然后心里相信的其实只有十分之一而已。这个限度能够保证女人在面对自己喜欢的男人时不会彻底的迷失，而是为自己留有充足的转身的余地，以免在感情失利的时候输个一无所有。

◎男人的承诺，请相信十分之一

男人的承诺，虽然大多时候是有变数，但是也不能完全不信，怀疑论者通常都会活得比较辛苦。聪明的女人总是对男人的承诺表示认同，然后心里相信的其实只有十分之一而已。这个限度能够保证女人在面对自己喜欢的男人时不会彻底的迷失，而是为自己留有充足的转身的余地，以免在感情失利的时候输个一无所有。

这样做意味着，不要在爱上一个人时，将自己毫无保留地奉献出去，特别是金钱。也许你们感情很深，但毕竟是处于恋爱关系，在这个时候，你们的关系是不会受到法律保护的。也就是说，此时此刻你们的感情深厚，借钱肯定不会想到要写借条之类的事情；但是谁能保证一转身之后，两个人的感情趋于破裂，到时候对方拒不承认有过借钱的事情，那该找谁去诉苦去？也就是说，不管在什么时候，要让自己保持独立的状态，包括精神上的独立、金钱上的独立，不要随随便便将自己的一生绑定在某一个男人的身上，就算是被线攥着的风筝，也有被风吹跑的一天，不是么？

财务透明化VS小小私房钱

◎爱他，就要将财务透明化

因为爱他，就要把自己今天赚了多少，明天花了多少，一股脑地告诉他么？当然没必要。谈恋爱的两个人虽然有着恋爱的关系，但是在经济状况上应该还是独立的。也就是说，他没有必要把赚到的钱都送给你花，而你也更加不必要把自己的收入状况乖乖奉上。这样做有很多的坏处，特别是如果你们两个人都是理财方面的迷糊，总是不知道把钱花在哪里了，知道对方有多少钱，只会让你们将所有的钱都花光。如果碰上的男人不幸是个骗子，或是个花心汉，那么，你的钱财极有可能被他挥霍一空，或是用来供养其他的女孩子。千万不要以为不给他密码就可以了——很多女孩就在这个时候吃了亏，以为自己可以拒绝他的无理要求，而事实上，感情有时候是没有什么道理的，自然就无法用理性的方法来思考和解决问题，只要他几句甜言蜜语，你不乖乖把卡和密码奉上才怪。

◎私房钱，必不可少的秘密武器

不要以为私房钱不重要，其实在我们的恋爱中，它扮演着重要的角色，在有些时候还可能是你在危急时刻的救命稻草。哪怕在平时，你也总有一些想要买的东西，比如，香水、护肤品……这些东西在男朋友看来是不实用的，可不一定会支持你购买。这个时候，用自己的钱是最有底气的。

更重要的是，有了私房钱，在经济上就有了保障——如果你的男朋友也就是像李甲一样的男人，在他负心之后，你也可以告诉他："没有你我一样也会过得很好。"让他去悔恨去吧！当然这只是一句玩笑话，但是当你有了自己的私房钱后，一方面可以应付老爸老妈嘴里那个你以为永远不会出现的"万一"；另一方面也可以在感情失意之后在很长一段时间内，满足自己日常的生活，还可以有多余的钱用来买衣服、和女友玩耍，借此排解心中的郁闷情绪，何乐而不为呢？

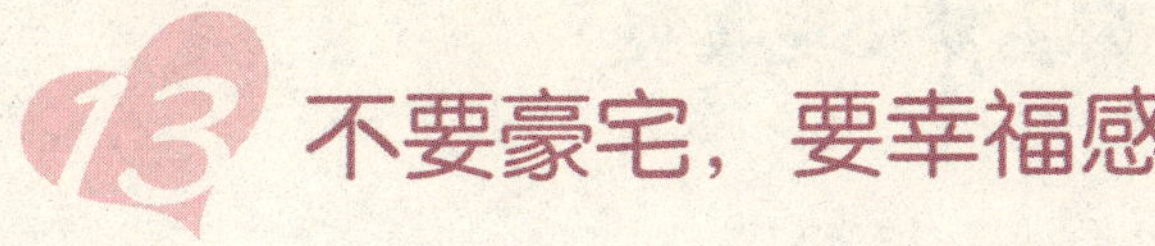

13 不要豪宅，要幸福感
——公主梦的对与错

情金PK的那些事儿…

闺蜜小美最近成了我们八卦的对象，原因是她拒绝了富豪男友的求婚。这在我们这些“无产阶级”的心里可是投下了重磅炸弹，说什么的都有。有的人说她很笨，人家可是一个有豪宅有名车的富翁啊，能看上咱这普通女子是多大的造化啊，至少少奋斗30年呢。有的人说支持她的决定，觉得富翁的媳妇也不是那么好当的，看看那些为了进入豪门而你争我斗的明星们吧，活脱脱一部现实版的《宫心计》啊，为了物质生活实在是没有必要……

人家小美倒是很淡定，拒绝了此富翁的求婚后，新一任的男朋友是一个小小的工程师，要是比起资产来，只能是人家富翁的一个零头。但是小美挺乐意的，按她的说法，和他在一起，要更幸福一些。很多人都不理解小美的决定，难道有钱还不够幸福吗？在我们的“逼问”下，她才道出了真相。

原来，在和富翁男友谈恋爱的时候，他确实对她很好，所有的物质要求都会满足她，但是也就仅限如此了。每次约会的时候，都可以随时被公司的电话叫走；他也从来不参与她的活动圈子，觉得那很没意思……这都让小美觉得很不开心，由此也坚定了幸福感不是由钱来决定的这一结论，因此才会拒绝富翁男友的求婚。

恋爱面面观&消费智囊团

如果给一个女人再一次选择男友的机会，你猜她会选择比尔·盖茨还是自己名不经传的现任男友？答案基本上是一致的。大多数女人都会选择那个她见都没见过，更不了解对方习性的世界著名富翁为男友。要想知道理由，去搜一下网上曝光的比尔·盖茨的豪宅，就什么都明白了。“豪宅”对于女人的吸引力是毋庸置疑的，那就是一个充满了神秘色彩的地方，等待着女人去开采和征服。至于已经进入到这座“豪宅”的人，不知道她们是怎么想。

公主梦VS现实观

◎每个女孩都有一个公主梦

几乎每个女孩都有一个公主梦。这个所谓的公主梦呢，一定要有一座大大的城堡，城堡里有一长溜的房间，每天进去一间，一年都不带重复的；身边有专门的佣人照料饮食起居，衣帽间里有数不清的锦衣华服；唯一要做的事情就是等待有王子骑着大白马来迎娶自己……是不是公主这个是由出身来决定的，自己当然无法选择；如果通过自己的打拼，也许能换来同样优越的生活条件，但那和公主宠溺的形象似乎有些出入；最好就是不用操心就能拥有梦中的一切，实现的唯一途径就是嫁入豪门。

这也就是为什么在看到“豪宅”之后，女孩们的眼里都会放出光一样，仿佛自己的梦想就在眼前。那些愤愤不平的男生在看到自己的女友投奔有钱人的怀抱时，也就不需要觉得奇怪了，要知道，这可是她们在实现从小的梦想呢。

这个所谓的公主梦呢，一定要有一座大大的城堡，城堡里有一长溜的房间，每天进去一间，一年都不带重复的；身边有专门的佣人照料饮食起居，衣帽间里有数不清的锦衣华服；唯一要做的事情就是等待有王子骑着大白马来迎娶自己……

◎豪宅装得下你的钱，装不下你的爱情

有另一个测试摆在你的面前：如果重新选择，你会选比尔•盖茨还是巴菲特做男朋友？这个题目估计就没有那么容易得出答案。因为他们都是有钱人，如果非要说有什么差别，那就是比尔•盖茨住的是豪宅，而巴菲特住的是他在1957年买的一套房子。知道这个信息之后，如果再要选择，会不会更快得出结论？

当人们有钱之后，通常都会先想要换一个大一点的房子。即使不是出于炫富的目的，至少住起来也更舒服一点。但是巴菲特并不那么认为。在他看来，他的老房子承载着他五十多年来的所有回忆，这就让他感到足够的幸福，何必再把钱投资到其他的房产上去呢。可是，他的老婆并不这么想，像所有女人一样，她央求巴菲特给她在海滩买了一处高级寓所。这就是女人的思维，总是将幸福和“豪宅”——奢侈的物质享受联系在一起。似乎只有更有钱，才能保证生活得美好。像爱情中的幸福感这么虚无缥缈的东西，能握在手里固然是好，但是却总是没有钱拿在手里实在，因此在幸福感和豪宅面前，她们总是毫不犹豫地奔向了后者。

挚爱豪宅VS幸福无价

◎如果有豪宅，为什么还要选择蜗居呢

曾经有一部大热的电视剧，叫做《蜗居》。其中的女主角之一的海藻，在面对多金的宋思明的时候，依然放弃了她原有的感情。海藻的选择引发了很多人对于感情现实的讨论。毕竟，在现实生活中，确实不乏有这样的人：因为享受了更加富有的物质生活，而放弃了珍贵的感情。好像在金钱面前，爱情就变得一钱不值了；相比一起压马路、一起逛公园吃棉花糖的小日子，坐豪华轿车出入高档商场的生活似乎更让人觉得幸福……当然，对于幸福的定义各有各的不同。也许有的人就觉得这样挺好，而另一部分就嗤之以鼻。

如果仅仅是将物质的享受摆在第一位，那对于“豪宅”的追求就无可厚非了，但是这样一来，就要重新开始审视幸福感的定义。只不过，在这样做之前，还是纵观一下历史吧，有多少人的“幸福”是建立在对于物质的追求上，是感到真正幸福了的，希望你是第一个。

◎如果要为幸福标价，那它一定是无价

能带给人幸福感的东西有很多。对于恋人而言，也许是失落时的拥抱，也许是生病时的关怀，也许只是一枚用野菊做成的戒指……幸福其实很难把握，因为它忽大忽小，总是在不经意间出现，在你还来不及抓住的时候，就已经消失不见了。所以人们总是怀疑，幸福究竟来过吗？

这样看来，幸福其实是一个“坏小孩”，它充满不确定的因素，让相爱的人患得患失。而偏偏人们对于无法抓在手里的东西割舍不下，感情是最复杂的：一方面怕失去，一方面又渴求。在这种矛盾的情绪下，人们很容易将自己的感情转移到另一些自己可以掌控的事情上，比如金钱。在潜意识中，人们就把幸福感和钱联系在了一起，以为它们是相伴相随的关系。其实这是对于爱情没有安全感的表现。

很多将金钱看得比较重的人，对于爱情往往是困惑的，她们不知道自己要什么，不知道怎么样才叫幸福，而正是这种安全感的缺失，将她们引向了更加难以自拔的深渊。因为建立在金钱上的幸福感，总是很短暂，更重要的是，它不值得回忆。没有回忆的幸福，对于爱情，也就毫无意义可言了。

提前消费值不值——同居面面观

倩倩和男友交往已经有一年的时间，虽然还没有结婚的打算，但是关系也基本上算是定了下来。正好前一阵子倩倩的公司搬家，公司地址就在男友家的附近。为了工作方便，倩倩搬到男友家里就成了顺其自然的事情。

突如其来的“同居”生活让这对恋人颇不适应。虽然两人都是分房而睡，但是毕竟在同一个屋檐下生活，不管是柴米油盐，还是日常琐碎，都变成了两个人共同分担。倩倩的男友原本就是一个人住，一个男人，也没有太去注重生活的品质，随便应付一下就好了。但是倩倩住进来之后就不一样了。

两个人俨然小两口一样开始生活，不仅给男友的房子增加了许多的家具以及各种小饰品，让这个“家”看起来更加的温馨；原来从来没有用处的厨房也派上了用场，开始“炊烟袅袅”。原本简单的生活，也因为两个人的布置而变得更加丰富多彩。但是，因此也引发了经济上的纠纷。

前一阵他们俩就因为经济上的事情吵了一架。倩倩想要买一个投影仪，但是男友坚决不同意出这个钱，理由是他觉得并没有买投影仪的需要，要真想买的话，就得倩倩自己掏钱；但是倩倩认为这个投影仪买了是放在男友家里，算是男友的财产，自己没有理由出钱。两人都不肯妥协，最终为了这一点小事不欢而散。

同居在年轻人中呈现出一种越来越普遍的趋势。独居的时候太寂寞，需要家的感觉，这大概是一部分人同居的主要原因，而另一部分人则是出于现实的需要——一个人养房子很困难，多一个人至少负担要少一点，反正以后是要结婚的。持后面这种想法的人不在少数，毕竟现在要在大城市中买一套房子不是件容易的事，而没有房子的连锁反应就是恐怕连老婆也难找。还不如一起同居买房，既解决了房子的问题，又解决了老婆问题，一举两得。

降低成本VS“AA制”同居

◎给恋爱消费打五折

抱着省钱的想法同居的人，不是没有理由的。一对恋爱中的年轻人，一旦选择同居的方式，可以降低的成本包括：其中一方的居住开销，大部分的约会成本、以及来往两地的交通费用和电话费用等。同居之后，租房的开销相当于只有原来的一半，这在房价和房租偏高的城市中，可是能节省一大笔钱的；而与之相关的居住成本比如电费，就像打了对折一般，毕竟一个人用空调是这个电量，两个人也是这个电量，但是费用却少了一半啊。所以，同居在很大程度上是为自己找了一个分摊生活费用的伙伴，即使原来是“月光族”的人，现在一个月也能够有一些盈余，用来提高两个人的生活品质。

而同样降低的，还有约会成本。随着“距离”的拉近，恋爱由“风花雪月”过渡到了实际的“锅碗瓢盆”阶段。原来高级餐厅的约会，现在变成了“自己动手丰衣足食”；原来去电影院看进口大片，现在变成了在自己的沙发上看“家庭影院”；原来动不动两三个小时的电话粥，现在也变成了三言两语的简短交代……约会上的多项支出都被省去，转而被“家庭共同开支”取代，自然而然地，在约会上花的钱也省掉了不少。

一对恋爱中的年轻人，一旦选择同居的方式，可以降低的成本包括：其中一方的居住开销，大部分的约会成本、以及来往两地的交通费用和电话费用等。

◎最大程度减小“拆伙”风险

同居行为虽然非常流行，但是仍然是一种比较边缘化的生活方式，有着婚姻的实质，却不是婚姻的模式，也没有相关的法律条例用来保障同居男女的权益。一旦出现危机和问题，最说不清的就是这笔财务账了，从小小的日常开销到房产和汽车，在同居时都是“蜜糖”，到拆伙时可就成了“毒药”了。究竟是统筹规划，还是各自为政？同居时的提前消费，到底值不值呢？

同居又被人们称为“试婚”。既然是“试”，就不得不做好面临两种结果的准备。一种结果是最终能够走到一起，大家花好月圆，之前就算有什么财务小问题，一旦有了婚姻的保障之后，就有可能被忽略不计了；而另一种结果则是“拆伙”，也就是分手而结束同居关系。这分手谁也不能保证会不会在财务问题上面斤斤计较，曾经的恋人为了钱的事情而闹得不可开交，是两个人都不愿面对的，还不如事先加以预防，用恋爱初期常用的“AA制”来管理男女同居的财务问题。

有的人认为在关系趋于稳定的阶段，进行“AA制”有点缺少人情味，但是现在的生活都很现实，再加上同居这种生活方式，背负了比婚姻更多的风险，如果能够对两人的财务进行分开管理，也算是一种抵抗风险的防御机制。

当然，即使是这样，也不能将男女双方的花销严格控制在一个平均的水平，如果他想彻夜开空调而你又不想，你想彻夜看美剧他又不愿意，那这样算下来也很难做到由谁来支付这些共同的费用。如果要共同生活，最好把“丑话”说在前头，个人在衣服以及自身喜好方面的花销应该是自己承担，其他的日常花销就共同承担。建立共同的基金在此时仍然能够适用，共同花销不管大小一一记账，每隔一段时间结算一次，这样就能对两个人的花销都有很好的交代。

房产观VS联名买房

◎房产证上究竟写谁的名字

相恋的两个人相处到后来，拥有一套属于两个人的房子可是最大的梦想。如果是两个人一起去买房，共同负担了首付的部分，那么房产证上究竟该写谁的名字呢。

有的人为了表示自己对爱情和对对方的坚贞，同意在房产证上只写上对方的名字。但是一旦到了分手的时候，面临同居时的财产分配问题，小件物品碍着以往的情分，不要也就算了。房子或车子等大宗消费品可就不行了，动辄几十万，谁都不想自己或家里的血汗钱就这么白白地给别人。昔日的恋人也不得不为了财产问题而反目成仇，结果大家都不开心。

◎既要爱他，也要保护好自己

不少正在同居的男女为了给婚姻做好准备，会选择一起出资买房。这不仅是感情甜蜜的见证，更是爱情上的一种担保。可是谁也不敢保证这份感情是否会从一而终，万一没有结成婚，所购买的房子可就是一个难以分配的财务大问题了。

在大多数情况下，由于男性的工资水平要略高于女性，所以在付首付的时候，通常都会占据首付中的较多部分；当然，也不排除为了公平起见，两方平分首付的情况。在这种情况下，房产证上究竟是写谁的名字，成为了一些人头疼的问题。写两个人的名字嘛，显得对对方不够信任，也显得对感情没什么信心，说不定还会伤害两个人的感情；写一个人的名字吧，这万一出现了个感情破裂的，也不好交代。

其实完全没有必要顾虑，对于同居就买房的人来说，在房子的问题上最好是选择“联名购房”，也就是把两个人的名字都写到房产证上。这个程序并不复杂，只需在购房合同上写上两个人的名字和身份证号码；等到办理房产证的时候，向房管所缴纳相关的证件就可以了，值得注意的是，最好在购房时能够对各自的出资金额做一个约定公证。即使在购房时没有写上两个人的名字，没有写上名字的一方如果参与了购房出资，那么也应该保留好自己曾经出资的证明，日后成为财产分配的证据来使用。

除了房子之后，像车子和电器等大宗的消费品，同样可以采取相同的手段，签订一份同居协议，为同居的提前消费可能造成的财产分割纠纷打一个“预防针”，也会为日后省去许多的麻烦。

财女贴士

在同居行为中，男方通常都会被认为是“零成本”的一方，因为女性在同居这个行为中，承担的“散伙”后果要比男性要严重得多，包括社会文化成本、身体健康成本、生理成本等一系列的支出。女性都把同居当做是通往婚姻生活的捷径，但实际上研究发现，一个人同居的经历越多，对婚姻生活就有可能更排斥。也就是说同居的时间越长，结婚的可能性就越小，因为人们可能会讨厌这种类似于婚姻形式的束缚，这对女性来说可不是个好消息。

因此，在对男友表达你的忠诚和爱意之前，最好考虑清楚，虽然男人不一定会拒绝到手的“鸭子”，但你却要为此负责。

结婚后：
情浓TWO世界
——越投资越信任走进婚姻理财大花园

虽说真正相爱的人不算账，
可是，身在这个物欲横流的时代，
据权威调查显示，
金钱还是导致1/3情侣分手的重要原因。
谈钱伤感情，
但是不谈钱又会伤到未来。
那进入婚姻前期，总该谈钱了吧。

1. 门当户对规避婚姻风险？——嫁给他，也嫁给他的家庭

2. 经济基础决定婚姻建筑——幸福离不开财富

3. 把安全感写进合同——婚前协议，say yes or no?

4. 幸福千足金——华丽婚饰也讲“感情重量”

5. 小小幸福也要控制成本——婚纱与摄影

6. 小计划派上大用场——婚礼消费有对策

7. 别浪费了婚后“第一桶金”——丰厚礼金的花样用途

8. 蜗居的烦恼——房子和爱情的充要条件

9. 别让婚房掏空了你的家庭账本——精打细算论装修

10. 三种方案决定谁说了算——财政大权归属之争

11. 幸福常在，细水长流——爱情账簿天天记

12. 心照不宣的秘密——私房钱有妙用

13. 幸福跑道一路奔驰——买车+养车面面观

14. 意外之“喜”给财富减分——宝宝的经济学

门当户对规避婚姻风险？
——嫁给他，也嫁给他的家庭

从小我就是全家人最疼爱的掌上明珠，大家总羡慕地说我是含着金钥匙出生的，而且我是独生女，爸爸妈妈都疼我疼得不得了。因为家庭条件不错，所以从小到大，从上学、出国留学到回国后工作，都比较一帆风顺，没吃过什么苦头。我本以为这辈子就这么平平淡淡地过了，可谁会想到，结婚这事儿却遭到了全家人的反对。

去年“十一”长假，我去参加大学的同学会，遇到了曾经的同学小A。小A这人一表人才，在学校时就是风云人物，还被称为我们学院的“院草”。那时候我对他也有点意思，但因为很多原因错过了。这次重逢，我俩的关系迅速打得火热，没多久就热恋了，今年开始考虑结婚。可自从父母知道了小A家中的经济情况，就不太看好我俩的发展。小A的家乡是南方一个比较偏僻的小镇，他在那里有一份销售员的工作，月入才一千多元，我劝他留在这里，他却不肯，说放不下父母亲，还让我随他一起回去结婚。我犹豫了很久，父母的反对态度越来越坚决，亲戚们也都委婉地劝我，觉得小A的经济状况不佳，将来无法给我宽裕的生活条件，将来必定要为家庭忙碌奔波。这点其实我也清楚，可对于两个相爱的人来说，钱真的就那么重要吗？

罗切斯特没有爱上门当户对的贵族小姐，却爱上了身为家庭教师的简爱，这似乎如同一个梦想，鼓励着女人们相信“门不当、户不对”的爱情也是存在着的。但人们却常常忘记了，在故事的结局，罗切斯特毁了容，而且简爱则继承了巨额的财产，两人是在门当户对的前提下重逢，才真正得到了幸福的结局。那么，是否真的只有门当户对，才能成就幸福的婚姻，规避一切婚姻风险呢？

婚姻家庭观VS爱情万岁

◎爱情≠婚姻，家庭无法缺席

恋爱中的女孩最喜欢说的一句话就是：“恋爱是两个人的事，跟别人无关！”但一旦走进婚姻，两个人的世界就突然拥挤了起来，因为婚姻不仅仅是两个人关系的亲密维系，更关系着两方的家庭。

其实，结婚双方门当户对的观念已经由来已久了。随着社会的发展，很多年轻人都觉得这种观念早已经过时，觉得即使家庭状况比较悬殊，也不会影响爱情的甜蜜。很多女孩的口头禅常常是：“我嫁给的人是你，而不是你的家庭！”可是，如果现在的你仍然相信只要有爱就能在一起的观念，那么未免有些过于幼稚了。

爱情与婚姻不同。爱情是是澎湃的激情，它是最为公平的情感。无论你是怎样的富有或贫瘠，在爱情中都能获得同样的美丽与感动。而婚姻则需要面对现实，坦露出现实原有的模样，而在婚姻的世界里，所需要考虑的因素更为复杂。

恋爱中的女孩最喜欢说的一句话就是：恋爱是两个人的事。但一旦走进婚姻，两个人的世界就突然拥挤了起来，因为婚姻不仅仅是两个人关系的亲密维系，更关系着两方的家庭。

◎婚姻不是两个人的事

虽然爱情是婚姻存在的重要基石之一，但如果如今的你还抱着“只要相爱就能结婚”的观念，那就不免想得有些太简单了。实际上，“门当户对”这四个字不仅意味着双方家庭地位的相等，更意味着家庭背景、思想、相处方式、生活习惯等各方面的类似。

我们都知道，每个人的固有生活方式是与家庭息息相关的。思想中根深蒂固的观念，生活中的小习惯，都是从自己成长的家庭中沿袭下来，即使时代改变了，周围的环境变化了，也很难会发生本质上的改变。如果两个人所处的家庭比较类似，两人在相处时才会有更多的共同语言，才会避免许多性格矛盾、生活习惯冲突的发生。如果两人来自相差悬殊的家庭，从小所受到耳濡目染的教育，会造成两人性格与处事方式上的不同，更不必说双方家庭因为观念、经济等方面不同而出现的矛盾。如果处理不当，在婚后的相处中确实有可能出现种种“摩擦”，甚至还会令矛盾激化，让原本幸福的婚姻毁于一旦。

门当户对观VS多方标准

◎什么是门当户对

那么，究竟什么才叫做门当户对呢？其实，现代的“门当户对”观念是一个综合的概念，它不再仅仅是金钱地位和权力，而关键在于从不同环境里走出来的年轻人在能力、文化素质等各方面，是不是得到了平衡与匹配，这些因素都决定了两个人一起的生活是不是和谐和美满。如果不考虑这些就决定在一起的话，现实的那一层窗户纸迟早会被捅开，等到那时候再后悔实在是没有必要。

◎门当户对的三大标准

首先包括经济上的门当户对。现代人个性鲜明，经济独立，男女双方的家庭都在婚姻中起着举足轻重的作用；其次，心理上的门当户对也不能忽视。人与人之间总是有各种距离的，包括性格的距离，年龄的差距，文化的差异等，男女两种性别之间本身也存在很大不同，观察和处理事情的方式很不一样，那么至少对方要与你取得平衡，不能有过大的矛盾冲突；最后，共同语言也要讲究“门当户对”。幸福婚姻的关键之一，就是二人要有共同的语言、共同的爱好和共同的兴趣。相互理解关心，让爱在平淡的生活中得到升华，得到充实。

所以说，你嫁给的不仅仅是一个男人，还包括他的过去、他的家庭，在他往日所度过的日子里，家庭中的一切影响都会深深地烙印在他的精神中，影响着他的日常言行举止，也影响着他的世界观，以及他与你相处的方式。也许在相恋的时候，他会故意展现性格中最美好的一面，而隐藏起不美好的一面，但在进入婚姻之后，这些“隐性基因”就慢慢显露出来。这就不难理解原本的那些细微的不同，此刻却像阻挡在你们之间的一道无法跨越的鸿沟。

经济基础决定婚姻建筑——幸福离不开财富

情金PK的那些事儿…

十几岁的时候看过一部电影叫做《有情饮水饱》，当时这个片名给我留下了很深刻的印象。我始终觉得，只要有爱，那么略为清贫的生活也能过得温馨快乐。可没想到的是，结婚仅仅四个月之后，我的想法就开始动摇了。

我和丈夫住在这个房价很高的大城市，只有一套50平米的小蜗居。出于种种考虑，我们必须在三年以后购买一套相对大一些的房子，而考虑到我们的工资都不高，所以必须节衣缩食，才能在三年以后买的起一间80平米的房子。老公是个很节俭的人，平时烟酒不沾，也不会像他的同事们那样热衷于玩乐，他既勤奋又朴实，对于吃穿住行的要求都不高，对于这点，我也非常欣慰。

可是作为一个女人，我却没有办法做到像他那样节俭。我才二十多岁，这个年龄段的女人，谁不想抓住青春的尾巴，让自己再美丽一把呢？所以有时我会忍不住买点衣服。上个月，我发现自己长胖了不少，从前的裤子和裙子都不合身了，于是买了两条裤子和一条裙子，这就花去了好几百元。再加上平时买点水果、小零食，不知不觉就花了不少钱。这天下班回家，老公在聊天时问我剩下多少零花钱，我照实说了，结果引来了一场争吵。他指责我花钱没计划，现在没钱了，我就不应该再买衣服。可我的工作需要在客户面前保证一丝不苟的良好形象，如果穿着不合身的衣服出门，影响到了工作，同样也会影响收入呀！唉，说到底，都是没钱惹的祸。

恋爱面面观&消费智囊团

政治经济学理论告诉我们：“经济基础决定上层建筑。”古老的俗语则这样说：“贫贱夫妻百事哀。”这风格迥异、领域不同的两句话，其实都蕴含着一个统一的道理，那就是钱虽然不是万能的，但如果没有钱，却也是万万不能的，对于婚姻来说，如果没有坚实的经济基础，那么和谐幸福的家庭生活则无从谈起。

金钱观VS经济基础的重要性

◎婚姻需要经济基础

所谓“经济基础”，原本是政治经济学中的用语，指的是一个国家的生产力总体水平。但在生活之中，如果形容一个人或一个家庭“有一定的经济基础”，则是指有一定数额的固定资产，这份资产可以支撑家庭以比较优裕的方式生活下去，并且还必须有稳定的经济来源，比如一份稳定的工作或是收益不错的生意等等。

在婚姻之前，爱情对于经济基础也有一定的依赖，比如约会、送礼等等，但这些消费与婚后的日常消费比起来，可以说是小巫见大巫。婚后家庭从柴米油盐、一针一线，到房屋购买、股票投资等等，无不受到经济实力的影响。所以说，婚姻不可避免地是要以物质为龙头的，这不是童话，而是一种真实的现实。甚至在如今许多年轻人眼里，你的人和你的钱一样高贵，你的魅力与你的银行存款一样，是可以“增值”的。

婚姻不可避免地是要以物质为龙头的，这不是童话，而是一种真实的现实。甚至在如今许多年轻人眼里，你的人和你的钱一样高贵，你的魅力与你的银行存款一样，是可以「增值」的。

◎婚姻需要的不仅仅是经济基础

这种把经济基础作为婚姻幸福最大关键的想法，确实有一定的道理。因为如果没有物质的保证，没有丰厚的存款，一个家庭中的成长想要享有丰富多彩的生活只能是梦中的空谈。可是，虽然没钱不能给人幸福，但婚姻中的另一半能与你分享生活中的喜怒哀乐、能与你一起共度生活中的难关，其实同样也很重要，绝对不容忽视。

有调查表示，大约83%以上的家庭，在建立的初期都很难依靠自己的力量过上中产阶级的生活。因为这时的婚姻双方常常还是职场的菜鸟，甚至可能刚刚获得一份工作，人生事业还处于起步的阶段，经济基础一般都比较薄弱，需要依靠父母或其他各个方面的支持。所以，女孩不要过于寄望于对方经济上的实力，因为对年轻的家庭来说，更重要的是将来家庭收入的发展空间。而如果在经济状况不佳的起步阶段，男方能表现出对家庭负责任的态度，以及为家庭想方设法创造财富的决心，那么也一定会觉得异常的欣慰。

赚钱观VS白手起家巧生钱

◎积极生财才是贫贱夫妻的幸福之道

虽然中国有句老话说“贫贱夫妻百事哀”，可对于那些低收入的家庭来说，如果能通过自身的努力，在少少财富的基础之上积累更多的财富，甚至学会理财、用钱生钱，也许就能够摆脱困境。

说起理财两字，许多收入不高的家庭可能会觉得非常遥远，觉得自己的收入微薄，根本没有财富可以供自己“理”。殊不知，理财是与生活休戚相关的事，低收入家庭抗风险能力低，平时更要注重理财，才能在关键时刻不至于手足无措。而财富的流动与生活中的各个方面都息息相关，即使你的工资不高、丈夫的收入也比较少，或是几乎没有什么储蓄，但只要留心注意，日常生活的方方面面都能成为你积累财富的机会。

◎积累财富与创造财富

对于收入不高的家庭来说，要想积极生财，第一步并不是积极冒进地四处投资，而应该是积累财富。有一个词叫做“聚沙成塔”，低收入的家庭每月收入都相对比较少，但日常的消费却总维持在一个持平的状态，如果这个消费标准不进行削减，很难“克扣”出一点钱来作为储蓄之用。所以，首先必须要缩减家庭开支，然后将这些剩余的资金进行投资。在保证基本生活的前提下，尽量压缩购物、娱乐消费等项目的支出，这样才能赚取家庭的“第一桶金”。

有了家庭的第一桶金，才能进行一些小小的投资，但注意这时的投资一定要保守一些、稳妥一些，投资时的心态要慎重，才能让小风险换来大回报。要知道，低收入的家庭存款不多，是经不起过于冒险的投资的。所以，投资时的风格应该是稳重而且保险。怎样才能做到这一点呢？首先在投资之前，应该对投资和回报做一个评估，也就是计算投资回报率。切忌喜欢什么投资什么，或是随波逐流，认为什么好就投资什么，而要看投资项目有无投资价值。此外还要结合自己的家庭情况去投资，才能让风险得到有效控制，实现稳中求财。比如说股票、期货市场等风险较大，一般不建议低收入家庭投资，而人民币理财产品、货币市场基金、国债等，虽说利率少，但风险也相对较小，滴水成河，很适合低收入家庭投资。

当然需要注意的是，无论是在积累财富还是投资财富的过程中，都不要忘记保险的重要性。如果说高收入家庭是一座大厦，那么低收入家庭就是一所小屋，在风险的风雨之中，小屋更缺少抵御风暴的能力。所以说，低收入家庭比富人更需要保险。因为一旦出现紧急状况，所受到的压力也是更大的，而如果这时拥有一定的赔偿金，就可以大大降低家庭的经济承受压力了。一般来说，低收入家庭买保险应该以“健康医疗类”的保险为主，然后再以意外险为辅，并且将保险的支出控制在家庭总收入的10%左右。

财女贴士

低收入的家庭大多风险的承受能力不高，因此对于这类家庭，在投资理财的时候，他们更需要考虑是否以购买保险来提高家庭风险防范能力，转移风险，从而达到摆脱财政困境的目的，千万不要舍不得钱。

3 把安全感写进合同

——婚前协议，say yes or no?

燕子和欧阳已经谈了三年的恋爱，一直甜甜蜜蜜，可临到结婚关口，却因为一纸协议而告吹了，令朋友们都唏嘘不已。

这事还得从燕子和欧阳打算去领结婚证的前一天说起。欧阳正憧憬着未来的幸福家庭生活，燕子却从包里拿出一份婚前协议，摆在了欧阳的面前。欧阳看到“婚前协议”几个大字后，先是一愣，然后有些释然。他是个律师，平时对于各类婚前协议也见得多了，无非就是一些财产归属的分配，只要要求不是太过分，欧阳还是愿意签字的。

可谁知看了几行字，欧阳才发现，这协议里对于财产相关的条款并不多，却写了很多零碎的生活细节，比如不允许在家抽烟，男方要包揽家务杂活，不许在网上跟其他女孩子打情骂俏等。而最惹眼的一条写着：“如果婚后男方有出轨行为，必须给女方赔偿10万元精神损失费，并从此‘净身出户’。”

欧阳这下脸色就很难看了。他觉得，婚姻生活有了这么多条条框框，已经很让人难受了，而对出轨的条款，显然表现了燕子对他的不信任！燕子软磨硬泡之下，欧阳仍然不肯签字，两个人开始争执起来。就这样，两人一直冷战到第二天，结婚证也不去领了。

恋爱面面观&消费智囊团

两个人情到浓时，总少不了海誓山盟，更少不了无数对未来的梦想憧憬，以及令人感动的甜蜜。有些承诺“爱情此生不渝”，有些承诺“我会照顾你一辈子”，等等。这些各种各样的承诺，又有多少人能真正做到“签字画押”、立此存据并以此为标准践行婚姻生活呢？随着拥有这种想法的人越来越多，婚前协议应运而生。但这一纸协议究竟是能带来幸福的婚姻，还是会增加彼此心里的芥蒂，却不得而知。

协议价值观VS法律意识

◎理智与情感的平衡木

从对金钱和感情的态度来说，女人常常可以分成两大类别：一类理智型，能将感情与金钱完全分开；而另一类则是感性型，常常将两者混为一谈。

同样是面对婚前协议，前者往往比较理性：感情是感情，钱是钱，正是因为爱你，所以才要把钱分清楚，没必要为了钱伤感情。而后者则认为，连你都是我的了，那你的东西自然也是我的了，还分那么清楚，实在是伤感情；再说，如果有一天分手，连你都没有了，还要那些东西有什么用？

虽然对于婚前协议褒贬不一，但这种行为也确实正在慢慢被年轻人接受。婚前协议的内容五花八门，从财产分配到子女的归属权等都会涉及，但基本内容都围绕着婚后两人感情破裂的共有财产归属问题展开。在婚姻问题上未雨绸缪未必不是件好事，情到浓时可以不分彼此，可是谁又能保证两个人一定会白头偕老呢？用金钱将两人剩余的一点点温存熄灭，对于曾经相爱过的人来说，是谁也不愿看到的结局。

在婚姻问题上未雨绸缪未必不是件好事，情到浓时可以不分彼此，可是谁又能保证两个人一定会白头偕老呢？用金钱将两人剩余的一点点温存熄灭，对于曾经相爱过的人来说，是谁也不愿看到的结局。

走到婚姻的分岔路口是每个人在婚前都不曾预料到，也不想看到的，但并不意味着不会发生。感情一旦破裂，给女人带来的伤害通常都会比较大，对今后的感情和工作都有一定的影响。如果能通过婚前协议给自己争取最大的经济保障，也不至于一无所有，也给自己一段较长的缓冲期。

◎有价值的协议，还得靠法律撑腰

《河东狮吼》中张柏芝扮演的柳月虹，可以说是婚前协议的“祖师奶奶”了。她对丈夫说的那番话，可谓是婚前协议的早期版本。在现代，这样的“协议”是不受法律保护的，但这正是婚前协议的一个雏形，它代表着婚姻一方向另一方的保证。而在现代社会，如果想要婚前协议真正生效，还必须去咨询律师，到正规的律师事务所办理财产公证，这样才能让法律为协议撑腰。

而还需要注意的是，婚前协议绝对不是“过家家”。如果你在婚前协议中写上谁负责洗碗拖地，或者谁回家太晚必须罚款，这些条款可是不受法律保护的。它只对你的丈夫具有约束力，而且还是在对方自愿遵守的情况下。想通过这样的“协议”获得补偿，基本上是不可能的。

此外，一纸协议似乎将爱情带回了现实，毕竟没有人愿意在婚姻开始的时候就着手准备结束。你可以让协议永不生效，需要的只是彼此的宽容和信任，这才是维系婚姻的纽带。有了它们，就让协议躺在箱底永不见天日吧。

协议立场观VS女人的安全感

◎对婚姻缺乏安全感是主因

有关心理专家表示，提出婚前约定的大多是女性，这说明相对弱势的身份、传统的心理暗示以及现代社会的压力，让更多的女性对婚姻产生了不安全感。她们会在婚前考虑未来婚姻生活可能出现的种种麻烦，比如财务和感情上的纠纷等等，这些问题让她们对婚姻产生了担忧和恐惧，继而急切地想在婚前与男友签订条约。专家认为，从本质上说，主张签订“婚前协议”者，就是为了给自己一份安全感，让自己的心里踏实点。

不过从另一个角度来看，从某种程度上来讲，这也说明现在的年轻人开始用理性的眼光来看待婚姻了，而不再是过去简单设想的“公主与王子从此过着幸福美满的生活”。如果男女双方都愿意为实现合约中构筑的婚后生活模式去努力，那么在一定程度上，它其实是有利于婚姻生活的。

◎爱与协议，两者兼顾

婚前协议，其实是现代人进入婚姻前的一种自我保护，这种保护，往往是以伤害对方的感情为代价。生活中，有些夫妻没有做过婚前的种种协议，小日子依旧过得生动有滋味，那是因为他们懂得把“自我保护”潜移默化的渗入到生活中，比如，结婚的前几年，如果双方感情还没有完全磨合到位，可以尝试着建立一个家庭公共账户，每月从夫妻双方各自的收入中拿出相同的一部分，作为家庭消费资金，剩下的，各自存起来做私房钱。相对而言，这是一种更为人性化、且更容易为双方接受的财产态度！

当然，如果真的希望进行婚前财产公证，那么一定要谨记一条原则：要站在对方的立场上想问题，而不要光把自己的受益点摆得清楚明白，首先你先得把对方的受益点一条一条帮他(她)分析清楚，这样，你才能更容易让对方愉快的接受，也唯此，对方才不会觉得你仅仅是个“贪钱无情”的人！

“婚前财产协议”，不同于其他任何一种法律公证，它的前提是：必须是要有爱，只要双方在爱的前提下坦诚接受对方，这样的协议，才有可能为婚姻保驾护航，否则，它很有可能会刺伤你。

“爱”让男女走入婚姻，但“爱”解决不了婚姻中的所有问题。大多数情况下，婚姻就该是笔糊涂账，越糊涂的婚姻越有粘性，要想过得快活，切忌算得太清楚！

此外需要记住的是，要想维持爱情婚姻的长久和家庭的稳定，最主要的还是男女双方的共同努力。其中起重要作用的应该是互相理解、互相尊重，对婚姻和家庭有极大的责任感，而不是一纸简单的“婚前协议”。

幸福千足金——华丽婚饰也讲“感情重量”

情金PK的那些事儿…

从小受到童话故事的影响，我就常常梦想着长大后能和书中的新娘子一样，穿着洁白的婚纱，胸前佩戴着闪闪发光的钻石，在众人羡慕的目光中走进宫殿里……直到如今真要跨进婚姻这道门槛了，我当初的梦想依然没变。女人嘛，一辈子就这么一次，婚饰哪能马虎？于是我早早地就催促男友，赶快一起去选婚饰，不仅要买个上档次的戒指，而且项链啊、耳环啊，全都不能少。

男友一开始答应得稳稳妥妥，可上街陪我逛了一趟下来，他就有点儿“底气不足”了。当我再次推开一家珠宝店大门时，男友忍不住在耳边小声说：“没想到现在的珠宝这么贵，咱们能打个商量，先把预算定下来行不？”

我顿时就有些不满，这个男人，平时甜言蜜语一大堆，关键时刻却临阵退缩，他到底是不是真的爱我？我看中的几款婚饰虽说价格偏高，可也在他的经济承受范围内，而且我还特意挑选的是中档的，看见导购员拿出一些较贵的高档婚饰，我为他的钱包着想，也没怎么仔细去看。我都这么体谅他，心里想着替他省钱了，可他倒好，抠门抠到这种地步，让我也不禁怀疑起来：马上就要嫁给他了，究竟值不值得？

黄金、铂金、钻石、宝石……闪亮亮的珠宝仿佛拥有着无穷的魔力，古今中外的女人对它们的魔力几乎无人能够免疫。女人，天生就喜欢华丽的珠宝首饰，而一生中最为郑重地使用首饰，自然是在走入婚姻殿堂之时。华丽的婚饰，不仅代表着男方对新娘的尊重，也蕴含着女人一生幸福之意。可如今的婚饰价格可谓是一涨再涨。

预算储备观VS天价的婚饰

◎婚饰真有那么重要吗

对女人来说，幸福的婚姻应该像童话一般美好，而华丽的婚饰正是童话生活必不可少的一部分。一套档次较高、造型漂亮的婚饰，不仅能让女人在结婚典礼上风光出场，吸引亲戚朋友们羡慕的目光，而且能够陪伴着夫妻两人，一同携手度过未来漫长的婚姻生活，一同走完人生的历程。所以说，婚饰不仅是婚礼的必备品，而且是女人对幸福生活的一种寄托。正因为此，大多数女人都不愿在婚饰上克扣自己。

可是，在如今婚姻大事成为社会热点、婚饰市场异常繁荣的背景之下，婚饰的价格也是“芝麻开花节节高”，成为人们结婚时一项沉重的经济负担。一套像样的婚饰，最便宜也要几千元，而稍微“上档次”的婚饰则从万元以上到几万、几十万不等，令一般的工薪阶层感觉压力更大。而对于一般比较务实的男人们来说，花去大笔金钱去购买这些仅能作装饰用的饰品，实在有些“不值当”。男人与女人对婚饰意义的看法偏差，最终会导致矛盾的产生。

那么，婚饰究竟是否有那么重要呢？其实，婚饰对婚姻的重要性毋庸置疑，但必须在了解自身经济情况的前提下，选择最适合自己购买的婚饰。毕竟踏入婚姻的殿堂，其最终目的是为了幸福地过日子，如果选择了“天价”婚饰，还没结婚就让对方的经济状况透支，那么婚后的生活必然也会平添不少的烦恼。

婚饰对婚姻的重要性毋庸置疑，但必须在了解自身经济情况的前提下，选择最适合自己购买的婚饰。毕竟踏入婚姻的殿堂，其最终目的是为了幸福地过日子，如果选择了「天价」婚饰，还没结婚就让对方的经济状况透支，那么婚后的生活必然也会平添不少的烦恼。

◎华丽婚饰做好预算不用愁

如何在保证经济状况的前提下挑选合适的婚饰呢？首先，整体的预算是绝对不能少的。只有事先给自己定下一个费用限额，才能避免在挑选婚饰时挑花了眼，受到导购员的“蛊惑”，一时冲动之下购买了超出经济承受能力范围的婚饰。事实上，如今很多新婚夫妇在购买婚饰之前，都已经在新婚的各个方面投下了大笔资金，而给婚饰留下的钱并不会太多。在这样的情况下，更应该做好预算。

一般来说，普通的工薪阶层，至少要留出1～2万元的备用金，作为婚饰的预算。当然，根据所偏好和需要的婚饰种类不同，备用金的金额也有上下浮动的余地。比如从婚礼的形式来说，婚礼风格不同，所需要的婚饰也不同：如果选择中式婚礼，礼服的样式自然是旗袍之类的中式风格，那么所搭配的婚饰，可以选择宝石戒指、黄金项链、翡翠耳环等等；而如果是欧式风格的婚礼，自然要穿上白色的婚纱，则需要炫目的钻石婚戒，或者铂金、水晶、珍珠等材质的婚饰来作为搭配。而材质的不同，也直接影响着婚饰的价格，所以在做婚饰支出预算时一定要量体裁衣、考虑全面。

购买渠道观VS档次高下之分

◎高档婚饰与廉价婚饰

没有哪个女人不希望在经济预算接受的范围内，购得一套令自己满意的婚饰，可现实往往事与愿违。近年来婚饰的价格一升再升，稍稍高档一些的首饰，其价格就可能令人“叹为观止”，让准新娘们可望而不可及；可如果考虑经济状况而购买廉价的婚饰，恐怕对于即将走进婚姻殿堂的女人来说，是一个不小的打击——连婚礼上最重要的东西都要讨价还价，怎么能指望他全心全意地爱我？

此外，过于廉价的婚饰也失去了保值的价值。要知道，许多婚饰都是由昂贵金属或宝石材质做成，如果购买的是质量较高的首饰，比如黄金的成色高、宝石的品相好、样式也经典精致，那么在未来的家庭生活中，这套婚饰不仅能为女人的美丽增光添彩，而且还能够保值增值，即使经过漫长的岁月，也还具有一定的市场价值；可如果购买的是廉价首饰，可能几年之后，金银的色彩就失去了光泽，原本普通的造型样式更赶不上潮流的变幻，只能成为梳妆匣角落“冷宫”里的一员，这无疑也是一种浪费。

高档婚饰的价格令人望而生畏，廉价婚饰又没有购买和收藏的价值，所以，如何才能根据自己的经济情况，尽量挑选那些品质优良、价格适中的婚饰，成为了现代准新娘们所要面临的大难题。

◎多渠道精挑细选才能“淘”到金

如何才能拥有既漂亮又不会过分昂贵的婚饰？实际上，婚饰的来源渠道有不少，比方说长辈们流传下来的首饰，就能够派上大用场。中国家庭女性有将昂贵的首饰代代相传的传统，很多女性长辈都会精心珍藏有价格不菲的首饰，直到晚辈成婚之时，才会拿出来赠送给下一代。有些女孩可能对这类首饰“不感冒”，觉得样式太过古老，但事实上，首饰时尚中的“复古风”从来都没有停歇过，古色古香的特色婚饰，也可以成为婚礼上的一大亮点呢。如果这类婚饰的样式确实过于古旧，也可以拿到专业的珠宝店，请人代为加工一番，立刻就可以“旧貌换新颜”，还能根据你的需要制作出特别的样式。

除了指望长辈们馈赠之外，你也可用选择自行购买，经济实惠的渠道也不少。如今大多数准新郎新娘们，都会选择到大型的珠宝店购买婚饰，但往往忽略了许多珠宝店都会提供DIY的婚饰服务。比如DIY婚戒，就是选好裸钻和戒托，根据自己的需要自行设计婚戒样式，不仅造型更加独特不会与别人“撞车”，而且比成品的戒指要便宜至少1000～2000元。

当然，如果你身边有珠宝鉴定的“行家”，也可以选择去典当行里购买首饰。别小看了典当行，这里不仅可以用来变卖贵重的物品，而且也会出售一些贵重物品，当然也就包括珠宝。这类珠宝一般是被人抵押在此，因为抵押的期限已经过，所以典当行将它们拿出来处理变现，价格会比珠宝店低得多。但需要注意的是，典当行中的珠宝质量良莠不齐，店家很可能会“以次充好”，所以选购这类珠宝一定要掌握相关专业知识，比如选购钻石婚饰，就要知道钻石的4C知识，研究其颜色、切工、净度等各方面的质量，并且坚持索取国家级鉴定证书，否则很容易上当受骗。如果自身不具备专业知识，缺乏“火眼金睛”，身边又没有可靠的“行家”指点，那么最好还是选择其他的途径。

财女贴士

如今网络消费已经成为女性们消费的时髦方式，即使是贵重物品也可以通过网络交易，婚饰同样包含在内。可是，婚饰珠宝的质量，从小小的网页中是绝对无法分辨的，这就需要对珠宝成色有较深的了解，而且一定要有丰富的网购经验，谨慎地选择那些信誉比较好的网络商店，最好是在当地有实体店，而且每份珠宝都有检测证书的，才能选择购买。在购买付款之前还要跟商家约定，必须能够在珠宝检测中心通过检验。

小小幸福也要控制成本——婚纱与摄影

情金PK的那些事儿…

在众多的追求者之中，我之所以选择了小陈，就因为他这个人性格好、对我百依百顺，可临近结婚，我却越来越犹豫了。结婚筹备这么多天，他什么都肯答应我，可就在一件婚纱这个小小的问题上，老跟我争执个不休。

我是女人，结婚这大喜的日子，要是没一件像样的婚纱，那怎么行？可他却指斥婚纱“性价比太低”，说什么一辈子只能穿一次，没有买的必要，只用去租一件就行了。我简直有点哭笑不得：结婚同样是一辈子只有一次，难道就可以敷衍了事吗？而且女人总会有独占欲的，谁愿意穿着一件别人穿过的衣服举行婚礼，那些租来的婚纱我曾经在闺蜜的婚礼上见识过，虽然表面上被洗得还挺干净，里边的内衬却已经留下了不少洗不掉的污渍，也不知道消毒工作做好了没有。而且租来婚纱的款式也是好几年前的老样子，比婚纱店里那些漂亮的新款差远了。

恋爱面面观&消费智囊团

雪白高贵的抹胸，蕾丝花边的手套，纤纤巧巧的长裙摆动，隔着朦胧的轻纱……对大多数女人来说，婚纱是一个梦想，是女人婚姻中最为重要的一件衣服，它代表着拥有完满爱情的幸福生活；但对现实主义者来说，婚纱又是一个“鸡肋”，它在一生中可能只穿一次，风光的婚礼过后，就被压在箱底尘封，再也没有被穿上的机会。对于女人们来说，大多数还是梦想着能够有一件属于自己的婚纱，哪怕是最简单的式样，但是只要是为爱的他而穿，即使在很多年后再拿出来的时候，依然会散发出最幸福的气息，这也是女人们对婚纱最美的梦。那么，婚纱究竟应该如何选择呢？

婚纱租赁观VS新娘的顾虑

◎婚纱，买与租的煎熬

一生只穿一次的婚纱，对女人来说拥有无比重要的意义。而究竟是买婚纱还是租婚纱，则是现在很多新婚夫妇为之争论的焦点之一。这两种选择都有其好处和不足，应该根据自己的经济情况来进行适宜的选择。目前，大多数人由于经济方面的原因，仍然会选择租婚纱。

无论是租婚纱还是买婚纱，都不要过于心急，更不要独自进行挑选，而应该在婚宴风格、妆容风格确定下来之后，再在专业化妆师等人的陪同下，对婚纱进行谨慎仔细的挑选。因为婚纱的样式很多，有甜美款、个性款、简约款等，不同的妆容，不同的婚宴风格，其要求也都不一样。要知道，一场婚礼所花费的支出本身已经非常高了，而作为最具有特殊意义的婚品，婚纱的制作工艺比普通服装要复杂许多倍，再加上保养和运输的困难，可以说是价格不菲，对一般家庭来说都是一笔不小的开支，但在婚后的日子里却再也不可能穿了。用买卖市场的一个经典词语来说，那就是“性价比非常低”。但它却具有如此重要的意义，那么婚纱究竟是租好，还是买好呢？

一生只穿一次的婚纱，对女人来说拥有无比重要的意义。而究竟是买婚纱还是租婚纱，则是现在很多新婚夫妇为之争论的焦点之一。这两种选择都有其好处和不足，应该根据自己的经济情况来进行适宜的选择。

◎租婚纱与买婚纱的利弊分析

租婚纱的最大好处就是实惠，这点毋庸置疑，租赁的费用比买一套婚纱的费用低得多。此外，租婚纱还非常方便。因为婚纱所使用材质的特殊性，它是无法用洗衣机洗涤的，而且因为布料是白色，保存非常不方便，如果没有专门的保养手段，或是保存时间过长，就有可能色泽变得发黄，甚至出现斑点，还可能遭到虫蛀。而租婚纱则方便简单，婚礼举行完毕之后即刻归还，根本不必操心洗涤和保存的问题。

不过，大多数女性对于租婚纱也有不少的顾虑，首先就是卫生问题。租赁来的婚纱几乎没有完全崭新的，因为它已经“参加”过了许许多多个新娘的婚礼，还可能留下了其他新娘不小心弄伤的印记，比如一滴菜油，或者领子上的汗渍，又或者是内衬里的一点口红。没有哪个女性不想要在婚礼当天保持“非常完美”的形象，而这些污渍的出现却会损害婚礼的完美，成为新娘在婚礼当天心里的一根刺，总觉得心中不舒服，仿佛给婚礼带来了无形的阴影。

还有一个原因，那就是租赁婚纱的选择并不多。因为一般来说，商家不可能购买过多的婚纱花样以供租赁者挑选，很可能每款都只有一套或几套，万一碰上当天有其他新娘选择了这套婚纱，很可能还需要另外挑选。此外，出租的商家不可能追赶潮流，常常只会提供上一年甚至更早的婚纱款式。而女性对于服饰潮流是最为敏感的，谁会愿意在婚礼当天穿一件老旧过时的婚纱呢？

因为以上这些种种问题，所以，如果经济条件允许，准新娘们不妨给自己购买一套全新的婚纱。婚纱店中的婚纱可以说品种繁多，而且能够紧跟潮流，选择度非常高，无论是款式还是花色，都可以“货比三家”，而且能挑选最适合自己的尺寸，甚至如果你需要加大或缩小腰围，加上一些小配饰，还可以要求商家根据自己的需要进行小幅度的改造。

此外，有些人可能觉得购买婚纱只能穿一次，非常浪费，但实际上，如果你选择在户外拍摄婚纱照，不妨选一个天气好的日子，和心爱的他带上照相机，去一些著名的风景区，给自己进行取景拍照，这样可以对婚纱进行“再次利用”。不仅如此，买来的婚纱还可以与商家约定，在婚礼过后送回商店进行再次改造，比如改成小礼服，这样在将来的日子，无论是出去参加舞会，或是在家中举办一个小型PARTY，改造后的白色小礼服都可以派上用场，再也不是一个“一次性商品”了。

所以，如果经济状况比较宽裕，又愿意花费时间和金钱对婚纱进行保养，那么可以选择购买一套属于自己的婚纱，但一定要做好为婚纱付出精力的准备，婚纱的改造、保存、清洗，可能都需要在专门的婚纱店进行。

婚纱摄影观VS货比三家

◎影楼与工作室，谁才是最佳选择

如今拍摄婚纱照，一般都选择的是婚纱影楼，但近年来也出现了不少摄影工作室，两者各有优缺点，可以根据需要进行选择。

一般来说，婚纱影楼的品牌效应更大，投入成本高，服装和配饰花样更多，摄影师的专业水准有保证；但拍摄流程容易流于模式化，风格比较单一。而摄影工作室更能够迎合消费者的口味，创意更多更活泼，时间比较充裕，与顾客的交流更多，但缺陷是服装和道具较少，一般会提议顾客自带，而且摄影、化妆水准都高低不一，需要事先进行考察。而在价格上，婚纱影楼属于品牌经营，一般都价格不菲；而摄影工作室则按照档次有不同的收费标准，可以根据自己的需求，进行不一样的选择。

◎消费智囊团之摄影师选择有窍门

首先是选择婚纱摄影师，在选择时一定要谨慎。一般来说，那些事业发展已经达到一定程度、声名在外的摄影师，价格常常是比较高的，即使讨价还价，也无法真正进行多少优惠。但是，如果是一位刚刚处于事业发展阶段的摄影师，为了拓展事业，势必会将价格降低许多以招徕生意，选择这样的摄影师，当然会便宜不少。但需要注意的是，如今的摄影师水准良莠不齐，在做决定之前，一定要先看看摄影师的作品，最好能先进行现场观摩，以免请到不专业的摄影师。

而在选择摄影师时，一定不要慌忙敲定价格、签合同，而应该事先与其谈妥服务的内容，比如服务除摄影之外，是否还负责冲洗照片，是否提供底片，以及这些服务是否另外加价等等，并将这些条款全部写在合同中，以免在拍摄过程中或拍摄过后，摄影师又进行追加涨价。

在与摄影师讨论服务内容的过程中，最好能选择自己冲洗照片，而不要让摄影师冲洗。如今大多数婚纱摄影都是使用数码相机，图片文件的储存、转移非常快捷，冲洗也很方便。大多数摄影师更愿意在冲洗上也“小赚一笔”，冲洗费用一般比普通冲洗店高出许多。

当然，许多影楼为了赚取冲洗费用，常常会规定如果需要底片，则需要另外出钱购买。建议不要吝啬这点费用，因为将底片拿到手后自己冲洗，一来比较便宜，二来只要保存图片文件，日后随时都可以冲洗出更多的照片来，而不必担心照片损毁、丢失等状况。

此外还需要注意的是，有些影楼或摄影师在提供服务时，也会供有婚礼相册、相框等商品出售，但这些商品其实在网络上更加便宜，而且还有一些网络商店提供相册印刷、图片日历印刷的服务，将婚纱照的电子版从网上传输过去，对方就能按照要求，制作出相应的相册、日历、台历等商品。

总而言之，在进行摄影机构的选择时，最好多考察几家，进行综合的对比，或是在网上的结婚类论坛中多泡一下，说不定还能看到别人对你中意的那家摄影机构的真实评价，对于做决定有一定的帮助。

小计划派上大用场——婚礼消费有对策

情金PK的那些事儿…

轰轰烈烈恋爱、风风光光嫁人，应该是每个女人心中的梦想吧，当然我也不例外。所以跟阿华订婚之后，我拒绝了长辈们的帮忙，跟阿华亲自准备这场即将到来的婚礼，为的就是希望多年之后回想起来，不会后悔没有给自己一场完美的婚礼。可忙乎了好几个星期下来，还只是在网上订了一些婚品，联系了几家婚庆公司，我就已经觉得精疲力尽了。

我们的婚期定在黄金周，这是个结婚的热门时期，所以找过的几家婚庆公司几乎都在涨价，婚车、酒店、婚品、摄像等等，什么都在疯涨。经过一番咨询之后，我跟阿华又在家中算了算账，发现大大小小的开销加起来，这个婚礼的预算要超过十万块，比我们当初6万的预算高出了近一倍！老公跟家里人说起这事，未来公公婆婆似乎还对我颇有微词，觉得我不会持家，还没结婚就这么铺张浪费。唉，他们哪里了解现在水涨船高的婚礼市场啊！

其实，我也不是没考虑过把婚礼办得节俭点儿。可无论再如何节俭，普通所需的婚品和婚礼程序总是需要的，而像婚车、酒店之类的项目，一旦选择过于廉价，其服务就可能打折扣。就拿我的同事小王来说吧，她结婚的时候因为贪便宜，订了一家档次较低的酒店来举行婚礼，结果不仅菜式难吃，让婚礼有些败兴，而且那家酒店的安保措施也没做好，婚礼上竟然还发现了被盗事件，这样的“便宜”婚礼，岂不是得不偿失吗？

恋爱面面观&消费智囊团

婚礼应该从简还是从繁？这似乎是如今越来越备受关注的一个问题。对女人来说，结婚是一辈子的事，嫁得风风光光，才能彰显一生中最重要这天的幸福与荣光。可从经济上来说，准新郎新娘们的经济状况却又不容许随心所欲地大操大办。往往就在婚礼这件事上，原本甜蜜的恋人常会出现不少争执，给婚礼蒙上一层恼人的阴影。

婚期准备观VS提前准备

◎婚礼准备，计划赶不上变化

虽说节俭是一种美德，但在如今社会的大环境之下，人们普遍还是希望婚礼能够大操大办，显得隆重一些，这样不仅对新郎新娘来说意义非凡，而且也会让双方家长觉得“脸上有光”。在这样的需求之下，如今婚礼相关的各个服务业价格都是水涨船高，对普通家庭来说，无疑都是一笔不菲的支出。所以一般家庭都会准备一笔款项，专门为婚礼所用。

可是，即使已经准备好了婚礼备用金，在主持操办之时，也会遇到“计划赶不上变化”的情况，平添许多没有预料到的支出项目。如果你去请教婚姻中的“过来人”，他们一定都会有这样的感受：婚礼和装修房子一样，都会因为各种各样的原因而发生变动，你永远不知道下一刻会不会产生一笔新的费用。比如本来计划用6万元举行婚礼，可实际操办时才发现，大大小小的项目支出加起来，6万元可能远远不够。如果婚礼才筹备到一半，准备金却已经告罄，这无疑会让准新娘们难以接受。

如果你去请教婚姻中的『过来人』，他们一定都会有这样的感受：婚礼和装修房子一样，都会因为各种各样的原因而发生变动，你永远不知道下一刻会不会产生一笔新的费用。

◎消费智囊团之提前准备&做好预算

想要举办一场隆重的婚礼，如何才能“不差钱”呢？从整体的婚礼筹划来说，最重要的注意两个方面，首先就是要提前准备。有备而来，才能为自己争取更多的时间，在与婚礼市场的商家讨价还价之时，也能够给自己留有更多的余地，而不会因为急于举办婚礼，只能乖乖“挨宰”。

一般来说，只要时间上允许，婚礼准备时间最好能达到半年甚至一年。只有准备时间充足，才能更加细心地挑选各个领域里的上乘服务，选择那些价格适宜的结婚场地、婚品等，即使是一时冲动决定购买许多的婚品，也会因为考虑的时间更长，而有机会削减一些不必要的消费项目。而一旦筹备过程中出现了变化，比如某些约好的宾客因事无法参加，或者某辆定好的婚车不能前来，都可以在充裕的时间里做另外的打算，而不至于事到临头、手忙脚乱。

而另一方面，则是要做好婚礼的预算。为自己操办婚礼，可不能稀里糊涂，想到什么就买什么。要知道，筹备婚礼是一个极为浩大的工程，需要全盘的计划，当然也需要作出一个支出预算，用来对自己在筹备过程中的消费进行约束。这种预算一定要做的比较详细，比如请帖、喜糖、婚纱照、录像、婚车、司仪、酒席等等，只要是婚礼所需要的开支，都要无一遗漏地列出来。这样，在每一次决定消费的时候，你都会扪心自问：这件婚品值得购买吗？会不会超出预算？这笔钱用出去，所剩下的金额还够不够筹备其他的婚礼项目？如果超出了金额，会不会给我的婚后生活带来负担？

当然，如果自己的时间精力不够，也可以请婚庆公司代为帮忙，但注意一定要详细问清所收费用中包含哪些项目，包括摄影、照相、花饰等等。

婚礼筹备观VS削减开支

◎事无巨细，样样精心

婚礼是一场浩大的工程，它包括了迎客、酒宴、车队、摄影等各个方面，任何一个环节出现问题，都有可能让这场婚礼蒙上失败的阴影，让宾客们兴味索然、败兴而归，更给准新娘们留下不佳的记忆。因此，婚礼的筹备必须要面面俱到，在控制经济支出的同时，注意到每一个环节的准备工作。

那么，在这样严格的要求之下，如何才能在不影响婚礼效果的前提下，做到尽量节省支出呢？婚姻专家一般认为，在做好婚礼支出预算之后，最好可以把实际的支出控制在预算的70%以下，而这就需要在各个方面绞尽脑汁、削减开支。比如婚礼上的摄影是一项极大的支出，所请的摄影师一般都会要求较高的费用，如果身边有朋友是“摄影发烧友”，这时不妨请来帮忙，这样不仅可以节省支出，而且因为与朋友关系比较亲密，还可以多提出一些个性化的要求，而不会像商业摄影师的风格那样千篇一律。

◎全面削减开支计划

实际上，婚礼的时间也有“淡季”和“旺季”之分。所谓的“旺季”，是指那些婚礼频繁的时间段，比如每年的节日黄金周，又比如一些有意义的节日，像元旦节、情人节、圣诞节等等。在这些日子里，婚礼相关的商家们常常会抬高价格，比如鲜花价格会在此时猛涨，酒店也可能供不应求、没了打折的优惠，更别提婚车的租赁，很可能在这些日子里根本无法租到满意的婚车。而如果能避开“旺季”，在所谓的“淡季”举行婚礼，那么价格一般比较容易接受，也许还可以请商家打打折扣，拿到更低的价格。

比如在婚车的租赁上，一定要谨慎仔细。如今婚车是婚礼上不可或缺的一道环节，准新郎新娘们竞相租赁和借用各种豪华轿车，唯恐自己婚车不够档次、不够风光，折损了两家的脸面，所以对婚车的质量和档次要求都非常高，所以很多新人都选择租赁婚车，这样比较经济、方便。

但需要注意的是，租赁婚车的时间一定要宜早不宜迟，最好提前半年就租好。而且一定要选择正规的租赁公司，并与对方签订正式合同，在合同上，要看清计费方式、使用时间，配备司机等，尤其还要注意婚车的颜色，一般来说，白色车比黑色、银色车的费用更贵一些。如果婚礼的时间并不长，就不需要租赁一整天，因为许多租赁公司的计费方式都是小时制，新人们完全可以按照自己的需求，确定租赁的时间长度。

此外，对于宾客的人数也一定要有计划。很多婚礼最头疼的，莫过于宾客们的缺席问题。请柬发出之后，却无法预计宾客是否列席，每每到了婚礼当天，却经常有人缺席，如果缺席人数过多，也有些“煞风景”。更重要的是，事先筹备好的宴席就可能造成巨大浪费。

所以，在预定酒席前首先要与酒店商定，确定最少的酒席数量，以及几桌的变动空间，为计划的变动留有一定的余地。此外，最好提前一、两个星期就发出请柬，然后在喜宴前两三天内，打电话与宾客们联系，确认对方是否出席，以及是单独前往，还是携带家眷，家眷中有无小孩子，是否需要加座等等。只要提前告知，一般酒店都可以接受临时的桌数变动，也就能避免宴席多开的浪费。

财仕贴士

租婚车除了租赁公司之外，车友会也是一个不错的选择。如今许多城市都有车友会，有车一族常常一起交流用车心得，因车而结缘，还常常会组织活动，并在网络上进行交流。如果需要婚车，也可以与这些车友会联系，通过网上寻找、发帖征集。注意一定要选择信誉好的车友会，以免联系好之后临时改变计划。此外在网上发帖征集时，一般最好至少提前一个月，并且对车辆的数量、颜色、型号加以限定，以方便车友们应征。通过车友会征集婚车，一般比租赁公司的价格低得多，车友们抱着讨喜气、爱热闹的心理，也很愿意参加。

别浪费了婚后“第一桶金”
——丰厚礼金的花样用途

我俩的婚礼热热闹闹地结束了，开心之余也有点莫名的失落。婚礼之后，我和老公把收到的礼金汇集起来算了算账，所有的红包加起来，最后这个数目可真不小，足足有11万之多，对于小小工薪阶层的我们来说，绝对是一笔大数目了。

老公这人比较理性，他看我一副兴奋的样子，说了一句话，立刻给我泼了一瓢冷水：“别高兴得太早，这些钱可都是债啊！”老公板着指头给我算账：这些礼金里，有一大部分是亲戚朋友和同事们送的，来自身边的交际圈，以后等别人结了婚，正所谓“来而不往非礼也”，我们都要如数地“还”回去，还可能会还得更多。而有些则是长辈们的礼金，虽然不用担心“还礼”，可以后逢年过节，我们照样得给长辈孝敬孝敬，同样是不小的开支。各种各样的人情债，把这些扣除掉，我们最后真正的“收入”也就所剩无几了。

这下我心里可郁闷了：原以为这笔钱可以用来做好多事情，比如付一辆私家车的首付，去港澳台来一趟蜜月旅行，给家里添置几件渴望已久的大电器……可要照这么算下来，我们真正能够使用的礼金只有几万元，用起来可也得小心谨慎得多了。

一场婚礼不仅可以收获亲戚朋友们的真心祝福，还会收到满满的礼金红包。结婚的礼金，往往是新婚小家庭的“第一桶金”，刚刚汇集起来的大笔现金，看起来似乎颇为丰厚，可这笔丰厚的资金应该如何打理呢？这也是一门不小的学问啊。

收礼观VS礼金也分类

◎礼金类别细细分清

到手的礼金可别急急忙忙就用出去，先得对这笔不菲的数目好好认识一番。要知道，礼金根据来源的不同，也应该有着不同的用处，绝对不可以一时激动之下就胡乱花费，否则，将来真正需要使用这笔资金时，却有可能捉襟见肘。

一般来说，根据来源的不同，礼金可以分成三类。首先是来自父母长辈们的礼金，这类礼金一般是“无偿赞助”的，尤其是来自父母的部分，自然不需要偿还，当然，也不能忘了平时对父母的孝顺和感激。

其次是来自已婚亲戚朋友或同事的礼金，因为对方已经结婚，所以这笔钱往往是你从前送出礼金的“归还”，不需要再考虑“还礼”。但是，仍然要记住将来与对方保持礼尚往来。

而最后则是来自未婚朋友和各种人情的礼金。这类礼金很可能占有大多数，却属于以后必须归还的一类。这类礼金尤其要详细记清楚，将数额与人名一一对应，以免将来还礼时不知还多少钱才好。

◎礼金类别决定用途

分清了礼金的种类，才能针对不同种类的礼金，决定不同的使用方式。第一类和第二类礼金可以说是你的“囊中之物”，可以用来进行长期的投资，也可以用来购买昂贵大件商品，或者用来归还贷款等。

而对于第三类礼金，很多人心中往往忐忑不安，觉得不知什么时候就得还回去，于是干脆在银行存储起来，一分也不动。但实际上，因为未来“还礼”时间的不确定性，这笔礼金完全用不着躺在银行里睡大觉。如果对这笔钱不精心打理，随着通货膨胀的发生，它也会慢慢地贬值。所以，这笔钱不妨用来做一些短线的投资，这样在急需使用的时候随时可以收获，灵活方便。而如果获得了小小的收益，则又能为家庭财政带来一个小惊喜。

要知道，礼金根据来源的不同，也应该有着不同的用处，绝对不可以一时激动之下就胡乱花费，否则，将来真正需要使用这笔资金时，却有可能捉襟见肘。

用礼观VS轻重缓急

◎房贷不是唯一选择

如果在扣除了必须归还的第三类礼金之后，所剩的礼金数目仍然是一个不菲的数字，那么必然应该用来应付小家庭的一些大笔支出，比如购买房屋、购买家具、房屋贷款、投资理财等等。

一般来说，许多家庭都会将房屋当做家庭支出的第一件大事。没有属于自己的房子，往往会让人缺乏安全感，家庭的幸福也会受到影响。而如果是已经购买房屋，但仍然负担着房贷的家庭，如果能够一次性将房贷还清，无疑是一个极大的解脱，它可以帮助新婚夫妇摆脱每月沉重的按揭负担。而即使这笔礼金不能全部还款，仅仅提前还贷一部分，也可以降低每月的按揭数目，缓解还贷的压力。不过，如果小家庭的每月按揭还可以承受，没有消除贷款压力的迫切需求，那么也不妨考虑考虑礼金其他的用途，或者仅还部分款项，而留下部分礼金使用在别的地方。

◎礼金的花样用法

婚礼过后，怎么能少得了一次甜蜜的蜜月旅行？如今大多数新婚夫妻的蜜月旅行都以国外为目的地，即使是在国内，也会去一些风景优美、氛围浪漫的城市，这些地方的开销都不低，需要丰厚的资金准备，这时礼金就派上了用场。不过，如果家庭经济状况不算宽裕，那么最好不要将全部礼金都用于旅行。

而如果家庭的经济负担比较重，不妨将这笔钱用来进行投资。一个家庭建立之初，就应该选择一些适合自己的商业保险，为家庭筑下安全保证，这时可以购买一些保险产品，尤其有些家庭只有一方有收入，这样的“经济支柱”一定要优先购买保险。除此之外，一些投资理财产品也是不错的选择，比如基金和股票，这种“钱生钱”的方式，比单纯存在银行要划算得多了。不过最好选择稳健的投资，尽量规避那些风险大的投资。

当然，无论用这笔钱进行怎样的投资，最后都必须留下一笔钱作为家庭的流动资金，以备不时之需。否则，当你急需大笔资金的时候，却发现所有的财产都投入在股市或保险中，一旦突然取出就会造成损失，那时就后悔莫及了。所以一般来说，家庭中最好保留占总资产10%的资金。

8 蜗居的烦恼——房子和爱情的充要条件

情金PK的那些事儿…

今年五月，我和他终于结束了六年的爱情长跑，在亲戚朋友们的祝福下隆重地完婚了。不过在大家祝贺的气氛之中，我也能感受到有些人不一样的探寻眼神，似乎对我有些感到可惜，又或是有些替我不甘心。不为别的，只因为老公没有买房，我们是租房结婚的。在如今“有房子才能结婚”的大潮之下，我们算是异类中的异类了吧。

其实，我倒觉得这不算什么大事。而且走进我们的小家，90多平方米的两室一厅，布置得非常温暖，装修虽然没花多少钱，但我们都花了很多别致的小心思，看起来别具一格，成为一套很有中国特色的婚房，完全感觉不出来是租的房子。朋友们问起我俩为什么要租房结婚，我总是坦然一笑。其实，我和老公都不是本地人，都是因为在这座城市工作而来到这里，而且我俩的工作都需要经常出差，还可能在全国各个分公司来回调动，以后很可能会离开这座城市，如果急着买房，将来也许就派不上用场了。原在家乡的双方父母虽然觉得买房更好，但因为我们坚持，老人家们也就不再强求了。

其实以我们两家的经济条件，父母确实可以帮我们承担一套房子的首付，可如今房子的月供太高了，以我俩的月薪而言，很可能每个月交了月供，所剩的生活费就非常拮据了。如今在这么高的房价下买房，做了房奴，以后房价跌了岂不是要为高房价时代买单？而相比起来，租房的成本则要小得多了。

恋爱面面观&消费智囊团

在如今社会的大环境之下，房价总是在不断地攀升，这也让许多的新婚夫妇感到为难，陷入了买房还是租房的两难境地。而由于中国人的传统观念影响，大多数人总觉得房子是构成一个家庭的重要基础，甚至有些家庭认定“没有房子就没有婚姻”。但房价的上涨，又会给家庭带来巨额的支出。但事实上，随着房价的居高不下，已经有很多年轻人选择了租房结婚，或者与父母同住来解决问题。

经济观VS租房也幸福

◎租房的可行性

如今社会结婚的流行趋势仍然是买房结婚，如果在经济条件不允许的情况下，临时租房结婚，是否有可行性呢？其实，这并不能够一概而论，而应该根据每个人的具体情况来决定。如果经济能力比较欠缺，而在当前又没有买房的必须，比如子女出生等等，那么租房结婚其实也是一种不错的选择。

如今社会结婚的流行趋势仍然是买房结婚，如果在经济条件不允许的情况下，临时租房结婚，是否有可行性呢？其实，这并不能够一概而论，而应该根据每个人的具体情况来决定。

◎哪些人适合租房

一般来说，适合租房结婚的人群包括这么几类：第一类是初入职场的年轻人，因为在事业上还没有站稳脚跟，经济能力不够强，连付房屋首付的能力也没有，更无法承受每月的贷款月供，那么租房是比较划算的；第二类是收入不够稳定的人，这类人不能承受每个月稳定的还贷，一旦收入来源暂时中断，就会出现无法还贷的状况，甚至会让房子被没收；而第三类则是工作流动性很大的人，比如经常需要在全国各地出差、调动等等，又或者公司工作地点不固定，如果用一笔巨款买下房屋，结果却离工作地点过远，那么显然就排不上用场了。所以，如果你符合以上这些情况，那么不妨考虑考虑租房结婚。

而在租金水平相同的前提下，租住房价高的房屋一般是比较划算的。如果两套房子租金的水平差不多，面积、楼层、朝向等相差不大，一般来说售价高的楼盘品质会比较高，比如小区的地段更好、周边配套设施更加齐全等等，又或是小区的物业管理水平更高，安保措施更加完善，这样的小区无疑住起来更加舒适。当然，如果是同处一个小区，售价高的房屋一般情况下面积较大，花同样的价钱，若能租到更大的房子，当然就是更好的选择了。

购房观VS买房是上选

◎买房结婚，让女人更有安全感

除了以上所说的几种情况之外，在一般情况下，大多数人仍然会选择买房结婚。这一方面是由中国传统家庭思想决定的，另一方面也是由新婚夫妇们的需求所决定的。如果你已经工作多年，经济基础比较坚实，那么买房仍然是最好的选择。

◎买房也讲“货比三家不上当”

买房是一件大事，对于每一个年轻的家庭来说，都是一项需要慎重考虑的巨大支出。如今，大多数的工薪家庭都是采取贷款按揭的方式来购房，这就意味着一旦买房，那么就在接下来的十年甚至几十年里，都必须身负沉重的债务，这对于家庭的支出有着非常深远的影响。所以，买房的时候千万不要一时心血来潮、冲动做决定。

如果仔细观察现在的楼市状况，你会发现房价的过高已经饱受诟病了，但购房的热潮仍然没有减低。由于社会刚性需求的存在，至少在短时间内，房价很难会有较大的降幅。所以，如果在新婚时不得不买房，那么为了慎重起见，购房的时候不妨在各大楼盘多走走、多看看，调查各个楼盘的地段、价格、房型等各方面，然后再进行合理的分析和判断。女性在买衣服时的“货比三家”劲头，同样也可以用在买房上。

别让婚房掏空了你的家庭账本
——精打细算论装修

情金PK的那些事儿…

最近我和老公心情都很糟糕，简直糟透了。要谈这事儿的起因，还得说到我俩新买的房子。都说买房子是喜事，我们刚刚新婚，有了新居那就是喜上加喜，可为什么还这么烦恼呢？这都要怨那些讨厌的装修公司。

我和老公购买的是市中心城区的一套三居室，大约有120多个平方米，无论是地段、阳光还是配套设施都非常好。但我俩都是上班族，而且工作都忙得不亦乐乎，哪有时间来照顾装修？想请家中父母来帮帮忙，可父母们年纪都大了，而且住得太远，我们也不忍心麻烦长辈。所以，看到装修博览会上一家公司的广告“全包9万元”，我们也没想太多，在询问了一些基本事项之后，就决定了把装修事宜交付给这家公司。之所以选择全包，就是因为这种方式我们什么都不必管，乐得轻松，只需要不时来看看进度、决定一些装修风格，在装修好后直接入住就行。

可没想到，原本所说的9万元的“全包”，其实仍然需要我们东奔西跑。比如某个品牌的涂料不够了，或是某个五金配件需要更换，其实仍然需要我们和装修公司一起去商家选定；而更令人气愤的是，9万元的金额其实还不够，我们需要做的任何改变都需要另外给钱，照这样下去，没有个十一二万，根本就别想装修好。

恋爱面面观&消费智囊团

对于新婚小夫妻们来说，有一个新的家，才是婚姻真正意义上的开始。只需要一个不算大的小小套间，精美而又大气的客厅，简简单单的小厨房，温暖休闲的卧室，就能坐享新婚的幸福时光。然而这一切都建立在精心装修的基础之上，若是在装修大事上马虎大意，一不小心陷入各种装修陷阱，很可能会给你的新婚带来不尽的烦恼。

装修观VS恐怖陷阱

◎装修小心别被“转包”

装修是众多有房一族最为关心的话题之一，如今大多数家庭没有自己做装修的时间和精力，都是雇佣装修公司来进行。几乎所有的装修“过来人”，都或多或少地遇到过一些装修陷阱。其中最常见的陷阱，就是被人“转包”给别人。

众所周知，托付他人进行“全包”式的装修，常常很难有时间、精力对装修过程进行全程的跟进。装修步骤非常多，工种也比较多。房门、做衣柜、橱柜、书柜、贴瓷砖、装吊顶、刮泥子、布置电线、网线、电话线、卫生间防漏等每一项工程都对整体装修的美观，质量至关重要。但是不良装修公司在承揽业务时往往信誓旦旦，而一旦承揽到工程后，就层层分包给一般的散工具体施工，自己则当起包工头坐收渔利，当然，这时候对于装修的质量监控也不会有多么的严格了。所以在装修合同中，一定要约定是具有相关资质的装修队伍来承接工程业务，否则，你的装修质量就根本无从保证了。

装修是众多有房一族最为关心的话题之一，如今大多数家庭都还没有自己做装修的时间和精力，而是雇佣装修公司来进行。几乎所有的装修『过来人』，都或多或少地遇到过一些装修陷阱。其中最常见的陷阱，就是被人『转包』给别人。

◎七大陷阱对号入座

陷阱一：工艺落实不到协议

装修公司或工头报价时，很多新婚夫妇们更多地会关注单项价格，而经常忽略相关工艺的说明，比如说材料、规格、等级以及甲醛、苯含量等方面的规定。所以一定要当面核实清楚所用材料的材质、规格和等级，并落实到纸面上，作为装修合同的附件出现。

陷阱二：面积测量巧做手脚

对具体的墙面、地面面积，普通人往往只能大致估计，而这正是包工头做手脚的地方。如果每项面积都稍微增加一些，那么少则几百，多则几千就出去了，让你不容易讨价还价的成果就付诸东流了。

所以在装修单项价格谈定后，最好还是不辞辛苦，和装修公司或工头一起把单项的面积尺寸丈量一下，并记下来，落实到纸面上。

陷阱三：装修预算报价不实

部分装修公司在做装修预算报价时，一般都将装修预算价报得很低，号称“零利润装修”，以吸引业主。当承揽到工程后，却总是施工时一方面偷工减料，另一方面又不断要求消费者增加一些必需的项目。所以，在签订装修合同时千万别被这些吹嘘所迷惑，一定要有所防备。

陷阱四：**采购地点以假乱真**

现在几乎所有的装饰公司都号称材料统一配送，但一些不正规的装修公司，一方面实力不够，无法达到统一采购和配送，另一方面在合同履行过程中又不受类似家具市场等第三方的约束，在配送材料的过程中多是由干活的工头自行为每个业主采购材料，工头一般不会去正规的建材市场，而多选择路边小材料店，价格既便宜，工头还能拿到一定的回扣。

陷阱五：**里应外合 欺骗消费者**

普通人对于装修材料的好坏大多是外行，通常要由装修工陪同购买。“拖垮累垮”业主是一些有“经验”的装修工常用的手段，他们通常会十分“认真负责”地陪你一家挨一家地逛材料市场，但不是说这家质量不好，就是说那家价格有诈。几圈下来，在你精疲力竭时，装修工就会不失时机地推荐几家“信誉较好”的商家，在那里材料质量自然没问题，价格也令人满意，但往往送上门的货早已被调包。殊不知，装修工人还能得到其中5～15%的回扣。

陷阱六：**装修材料以次充好**

像涂料、大芯板等材料最容易被以次充好。如合同中标明使用大品牌、质量好的乳胶漆，但如果是由装修公司代购，那么装修工人可能会将一些便宜的杂牌漆装进旧的名牌漆罐中，给业主象征性地过过目就开始喷刷了。或者施工工人和你一起去建材市场购买，等漆桶运回装修工地后，工人再用假冒伪劣产品替换，然后把那些优质漆偷卖或转移到别的工地使用。因为户主不可能24小时在工地驻守，不法施工队总有机可乘。所以在装修过程中，最好安排家人监工。

陷阱七：**重要配件偷工减料**

一般来说，水电工程属于隐蔽工程，是最容易糊弄业主的了。如铺设墙面电线时，按规定是先安装电线管道，再通电线，工艺较为麻烦。有些装修公司为了省钱省时，往往直接拉电线，这样一来，如果电线发生意外被烧毁，重装电线时就得先破坏掉整个墙面，结果可想而知。所以，在水电验收时，最好请懂行的朋友帮忙一起验收。

最后，需要提醒的是，选择装修公司不要贪图小便宜，要选择一家具有工商营业执照和施工资质的正规装修公司，可以有效保证装修质量，避免发生没必要的纠纷。

装饰观VS家具淘淘乐

◎便宜是“淘”出来的

家是温馨的港湾，谁都想在装修时倾尽所能，将小家装修得温馨、典雅。可面对商场里高昂的建材费、家具费，想要把家庭装修成梦想中的样子，似乎不花费一大笔钱是办不成事的。果真如此吗？

其实，如果你真的经常逛家居市场，不要总盯着样式新潮的家具看，也可多留意下商场里的样板货和旧款存货。通常来说，这样的家具数量有限，但质量并不差，价格也比新潮家具便宜许多，可将眼光投向这些处理品上，运气好的话，低价好家具就唾手可得。遇上换季清货等原因，有些门店常常会进行促销，闲逛时多和促销员进行交流、沟通，说不定能拿到更多的折扣，如此算下来，比等到装修时再紧锣密鼓地买家具要划算得多。

◎家具购买渠道多多

品牌与质量很难兼顾，在这种情况下，对于大件家具用品要注重质量，小件可考虑购买非品牌产品，这种方法能很好地分配资金预算。对于大件家具，也就是体积大、价格贵、使用价值高的家具，比如说衣柜、沙发、床架等，一定要选择信誉良好的厂家。不仅要根据自家空间设计需要去量身定做，而且要确定板材、滑轮等零部件经得起考验。当然，更要为以后售后服务铺好道路，大件家具选择和品牌厂家合作，运输及售后会相对有保障得多。

而小件家具，像茶几、角柜、电视柜等等，则可去杂牌店淘一淘，不仅款式众多，质量也不错，更重要的是价格便宜。通常这些家具单品在两三百元内，即使售后服务不到位，也不会损失很大。

此外需要注意的是，如今很多厂家为了缓解库存压力，一般不会大批量积压同种产品在仓库里。这时顾客需要的产品可以预定，交货的时间一般在半个月左右，但如果能提前两个月或一个月预定，折扣可能会比正常预定要低1折左右。有些厂家甚至会打出更多的折扣来鼓励提前预定，因此多追问促销员相关政策，会更有利于拿到低价家具。如果在装修前先把家具定了，待装修结束时，家具也正好可以送到，立刻就能使用，这样既不必为提前送到的家具的存放问题担心，又可至少提前半个月入住新房，何乐而不为？

当然除此之外，还有一些其他的家具购买方式，比如网购。现在家具城大多有着昂贵的租金、豪华的装修，还有工资税收等开支，所以商品价格大多较昂贵。而网上店铺因为没有实体店的开支，所以价格要便宜好多，很是适合腰包不丰满、又不想失去生活品质的人。

当然，如果实在对网购家具始终不放心，不妨只在网上购买小家具。这样几十元或几百元的家具就算质量没有想象中的好，心理上也能接受，而且为了小家具不停地跑市场很不划算，选择本地有实体店的网站购买小家具，的确可省下不少功夫和银子，还可以让你买的放心。

三种方案决定谁说了算
——财政大权归属之争

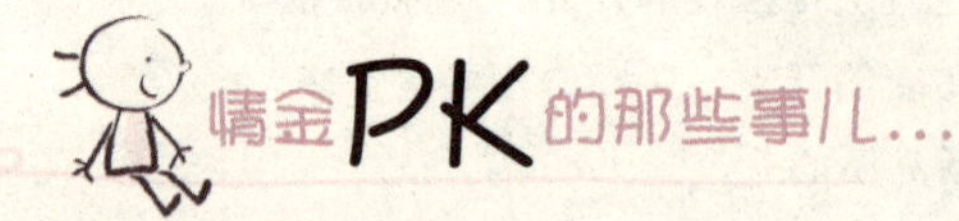

结婚前我什么都不懂，那些已经结了婚的小姐妹们就向我传递经验。她们告诉我：要紧紧抓牢一个男人，可不仅仅要用美食抓住他的胃，还得抓住他的钱袋，家庭财政大权，非得牢牢抓在手里不可。我仔细想想，这话果然有几分道理，都说“经济基础决定上层建筑”嘛！要是我抓牢了财政大权，扣住了他的“经济命脉”，他就算是个喜欢瞎折腾的孙悟空，也翻不过我的“五指山”。

可真结婚之后我才发现，想要“谋夺”财政大权，这可不是一件容易的事儿。老公和我一样，都是个性很强的人，谁乐意把自己的钱全都交给对方掌管？更何况，老公还总说我是个“糊涂虫”，对我享受型、冒险型的消费风格嗤之以鼻，所以每次家里做财政决定，他都跟我对着干。比如说投资炒股这事，我是个喜欢冒险的人，看到同事们在股票、基金上总有点小收获，我也心痒痒得不得了，想要投一笔进去。老公知道了我这个想法，不仅不支持我，还勒令我连自己的工资都要“上交”给他，决不许私自投资股票。我当时就生气了：不把家里的财政大权交给我也就算了，现在竟然还想来干涉我花自己的钱？没门！

就这样，我俩谁都不服谁，闹僵了好几天，才在亲戚朋友们的劝解下缓和了一阵子，可心里总留着个芥蒂：这家里的财政，将来该怎么安排才好？

如今在许多的婚礼仪式上，司仪都会和新郎新娘们玩这么一个小游戏：司仪将结婚证拿在手里，让新郎和新娘上前去抢，谁如果抢到了结婚证，就意味着将来谁当家。当然，这只是一个小小的游戏，而在实际的生活中，抢到结婚证的人未必会是那个当家的人。一个家庭中由谁来当家，还得从各个方面的需求来决定。新婚燕尔的小夫妻，究竟谁才能掌握家庭的财政大权呢？这正是许多人都在思考的问题。

矛盾观VS平等协商

◎财政大权交给谁

有些年轻人可能在婚前将婚姻想象得特别简单，觉得只是一张结婚证而已，却不知一旦走进婚姻，整个生活方式都会发生天翻地覆的变化。原本单身的两人开始组成家庭，风花雪月的约会少了，诱人的甜言蜜语也少了，柴米油盐的家常小日子成了生活的常态。而在各类的生活琐事之中，夫妻双方难免会发生各方面的“思想碰撞”，发生意见不一致的情况。而矛盾最为尖锐的话题，则莫过于家庭的财政。

家庭财政大权应该给谁？这是许多新婚家庭发生矛盾的常见话题。因为双方个性观念、教育背景、从小所受到生活方式的熏陶不同，对于金钱的处理方式也会截然不同。比如妻子主张享受型消费，而丈夫却宁可“一毛不拔”，对自己和妻子都克扣无比，这样的迥异的消费习惯，时间一长，必然会引起诸多的矛盾。过日子总会有些磕磕碰碰，但如果引起了习惯性的吵架，久而久之，也会伤害彼此之间的感情。

新婚家庭要想顺利理好财，最重要的一点就是磨合彼此的理财习惯。单身的时候经济压力没有那么大，即使是“月光”、“负翁”也没有人管，而一旦成家，责任和压力就来了，必须拿出过日子的态度来，就需要磨合彼此的理财习惯，不能随心所欲地支配自己的全部经济，而是要在对家庭和彼此负责的基础上再讨论自己的经济自由。

因为一旦建立家庭，不少基础性支出都是应该共同承担的，谁也不能以经济独立和自由为借口逃脱该负担的责任。但是长期以来的单身生活养成的理财习惯不是那么容易改变的，因此夫妻必须心平气和地坐在桌子前，平等讨论，制订出合理的理财方案和措施，而不是强制一方接受另一方的观点，甚至霸道地进行经济管制，这样容易引发家庭矛盾，也不利于夫妻的理财交流。

夫妻必须心平气和地坐在桌子前，平等讨论，制订出合理的理财方案和措施，而不是强制一方接受另一方的观点，甚至霸道的进行经济管制，这样容易引发家庭矛盾，也不利于夫妻的理财交流。

◎习惯磨合是关键

个人的发展和未来的保障：夫妻是家庭的主体，也是未来家庭的经济支柱，那么对自己的职业素养和事业开拓的投资也是必不可少的，否则只会随着时间慢慢落伍，对个人发展和家庭经济造成更大的损失。虽然现在年轻，但是不要以为可以一直年轻下去，必要的未来打算也是要有的，不论是买人寿保险，还是购置不动产投资作为未来养老资金，都可以开始规划了，一步步来，有了目标，才能踏踏实实地做。同时要考虑可能的风险，给家人购买一定比例的保险，防止意外情况出现时击垮家庭的经济。

婚姻与家庭的美好生活是建立在良好的经济基础之上的，只有每天不为面包操心，爱情才会更加美丽。小夫妻应该齐心合力，共同构筑坚固的经济基础，虽然可能需要牺牲一定的生活舒适度，放弃一些爱好，但是换来的是未来逐步好转的生活。理财，是小夫妻开始共同生活的第一课，也是最重要的一课。

权力观VS具体情况具体分析

◎避免纷争才是第一要义

婚姻不仅意味着夫妻两人生活在同一屋檐下，也意味着双方财产的汇集。在制定理财决策时，家庭财富的大船究竟该如何掌舵，由谁来掌舵，是一个大问题。为了避免纷争，最好一开始就分配好家庭财政大权。

◎同一屋檐下，三类决策模式任你选

一般来说，大多数家庭使用的多半是夫妻共同决策的模式，来处理家庭中的财政事务。也就是夫妻双方都把各自的收入放到一起，双方对家庭投资理财都有发言权，对收支和投资都在商量后共同作出决定。很多家庭对于理财没有过多的计划，自然而然就采取了这种方式。尤其是双方都是上班族的家庭，这种家庭一般夫妻都有一定的知识水平，对理财也都有自己的见解和看法，所以对于理财投资问题，双方都会考虑彼此的意见。

这种方式的缺陷是，夫妻之间不可能保持完全的一致性，尤其是哪些个性差异较大的夫妻，甚至可能因为一个小问题而意见不合，争吵不休。所以采用这种模式的家庭，要求双方的个性不能过于“针锋相对”。

而第二种方式，就是财务“AA制”。对于刚结婚不久的年轻夫妻来说，财务“AA制”是一种较流行的方式。夫妻采用各自为战的方

式，每月的收入和支出都由自己来支配，在投资上也都按照自己的想法来进行。这种模式最大好处就是能避免矛盾，比如在面对支出与投资的选择时，不必因为意见不同而争论得面红耳赤，双方各自管理好自己的资金，这样就可以“井水不犯河水”。

当然，各自为战的“AA制”并不代表在任何情况下都要“分摊均平”。比如在外吃一顿饭，逛街时买杯水、买件衣服，都未必一定要分摊，但在生活的大部分支出上，要基本遵循“AA制”的原则。很多那些家庭共同支出的费用，比如水电费、天然气费、电话费、网费等等，一定要保持科学的分摊模式，比如在事先就约定好，各自支出哪些项目，作出明确的每月计划表，固定缴费，而不要马马虎虎，直到催缴单上门，夫妻之间才开始互相推诿，那就会造成家庭矛盾了。

第三种方式，则是夫妻的其中一方“大权独揽”。这种模式是根据理财水平与兴趣为基础，由夫妻中的一人成为家庭“财政大臣”，决定家庭收入的管理、支出的计划与投资的方向，而另一人处于被动依赖状态。每个人的理财观念都不同，对于理财的认识也有深有浅，所以相对来说，理财水平也各有高低。这种模式需要家庭“财政大臣”对理财有一定的认识，并且有足够的时间与精力来处理理财投资事宜。

这种模式的缺陷，是会导致一方得不到适当的意见建议，容易独断、冲动；而另一方的参与性太小，对对方的依赖性太大。更严重的是，一旦独揽大权的丈夫或妻子出现决策错误，而导致家庭财产遭受严重损失，还可能会遭到对方的责怪，从而产生家庭矛盾。所以，采取“大权独揽”理财模式的家庭，不妨将这个模式进行一定的改良，将原本一人精心理财，另一人坐享其成的模式，改为一人主导经济大权，一人从旁辅助。

幸福常在，细水长流
——爱情账簿天天记

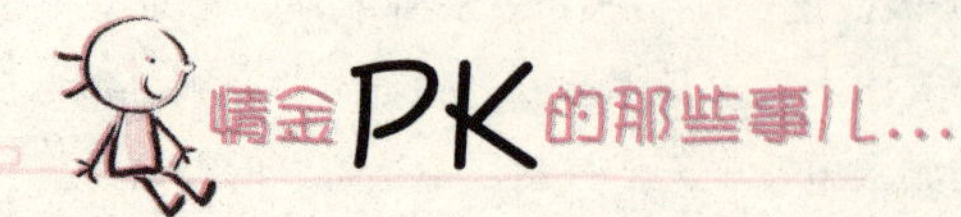

每天晚上洗漱完毕，和老公坐在床上看电视的时候，我都会拿出自己的记账本，记下今天的开销流水。我将每天的收入、各项支出做成表格，每个星期小结一次。这样一来，我的钱都花在哪了就一目了然。比如这天是周一，我和老公上下班的交通费加起来是12元，早餐一起是15元，白天中午老公在公司食堂吃饭，而我自己吃外卖，花费10元，到了下午回家，晚餐支出是25元，去超市买了一些日用品，花费51元……大大小小加起来，一天所花的钱都计算得清清楚楚。

最开始，我挺讨厌这种老土的过日子方式。可妈妈把账本传授给我，告诉我“会记账的女人才会过日子”。还真别说，自从有了这本流水账，虽然我和老公的工资还没见涨，钱却似乎用得更久了，不像以前，动不动就变成惨兮兮的“月光族”。每到月底，我都会翻看一下这个月的支出明细，账本上醒目的一项项支出赫然在目，让我们的购物欲大大减少。一年下来，至少节约了几千元呢！原本老公对我记账的方法不以为然，可如今他也是心服口服，有时候晚上我忘了记，他还会提醒我。有时候有些账目我记不太清了，也会问问老公，两个人一起回忆，既记清了账本，又回味了一天的甜蜜生活。

恋爱面面观&消费智囊团

老话说得好：兴家犹如针挑土，败家好似浪淘沙。财政支出要精简，才能防止铺张浪费，不让辛苦赚来的钱从指缝中悄悄溜出去。可究竟如何精简支出呢？记账不失为一种极佳的选择。可别小看了这种看似老土的方式，可是居家过日子的好帮手呢。

节俭观VS家庭明细账

◎清楚账目，才能实现真正的节俭

对于刚建立家庭的年轻夫妇来讲，有许多目标需要去实现，如养育子女、购买住房、添置家用设备等，同时还有可能出现预料之外的事情，也要花费钱财。因此，夫妻双方要对未

来进行周密的考虑，及早作出长远计划，制订具体的收支安排，做到有计划地消费，量入为出，这样才能做到每年有一定的节余。

俗话说花钱容易赚钱难，大部分年轻人消费不讲究节俭。同时，青年家庭的经济基础一般都比较薄弱，激情消费常会使人花费一些没必要的钱。青年夫妻要排除这些的诱惑，除去日常的生活开支，将双方的节余资金参加银行储蓄，购买债券、保险，有条件的可投资证券基金或股票等，通过精心运作，使家庭资金达到满意的收益。

◎记账好处大搜罗

专门用一个笔记本，每天固定一个时间详细记录当天的收支情况，在记账过程中仔细分析哪些开支是必须的、哪些是可以推迟的、哪些是没必要的。每个月的月底做好当月总结，并且做好下个月的收支安排。通过精细记账，可以学习一点勤俭持家的技巧，才可以做出进一步的投资计划。

这样记账还有个好处，它可以帮你记录一些生活中必须缴纳的费用，比如什么时候该缴纳水费、电费、网费等。既能提醒我缴费的时间，也避免了重复缴费。到了年底，最有成就感的事，就是看看记账本里的“总收入”以压倒性优势盖过“总支出”，那可不是简单的数字，是货真价实的人民币，是满满的成就感哦。

每个月的月底做好当月总结，并且做好下个月的收支安排。通过精细记账，可以学习一点勤俭持家的技巧，才可以做出进一步的投资计划。

记账观VS多渠道账本

◎新时代记账有新招

新时代的家庭记账，必须负责制定家庭的收支计划，进行理财预算和决算，实际上也就是家庭理财顾问。当然，年轻人的记账与过去中老年人拿笔记录有所不同，现在有了可以在网上记账的电子账单，像钱包网、蘑菇网、算算看、中国账客网、财客在线、网大账本等几十家网站都相继推出了记账式理财服务。网络记账不仅可以按天详细记录，还会把消费分门别类，比如生活必要开支：食品、交通费、手机费等；日常临时开支：买衣服、买杂志、换手机等；交际开支：请客、聚会、随份子等。同时，网上记账还设有每月各项消费比例、消费总额曲线等统计分析功能，方便“账客”了解自己的开支情况是否合理。

坚持天天记账，把自己每天花的钱全部记下来，然后每个星期或者每个月盘点，自己的钱什么地方不该花，什么地方不该多花。只有了解了自己的财务状况，才能更好地理财。

◎三种记账方法任你挑

如今这个时代，记账的方法可谓是花样百出，比如手工记账、电脑软件记账和网站记账等等。最传统的当然是手工记账，这种方法非常容易，只需要一支笔、一个小小的笔记本，随时就能将收入和支出记下来，账目让人看了一目了然。但它也有缺点，那就是计算麻烦，尤其女孩通常数学思维能力较差，很容易出现计算错误。

其次是电脑软件记账，也就是说在电脑里安装一个专门的记账软件。如今这类软件非常多，可以根据自己的需求挑选功能最齐全的一种。这种软件的操作并不复杂，只需要仔细阅读软件说明，“依葫芦画瓢”就行。而对于逻辑思维能力较差的女性来说，在手工记账时最头疼的那些数字，在电脑里计算起来就轻松多了。当然这种方法也有缺点，那就是无法随时随地记账，需要打开电脑才行。

而最为便捷的方法，就是网站记账了。和软件记账不同，网站记账需要上网才能进行。这是一种新兴的记账方式，不仅界面做得漂亮，而且特别人性化，即使在逛街、坐地铁时，也可以用手机上网记账，通过无线网络，及时传到网络账目里去。当然，这种方法对网络工具的依赖度较高，必须有能够联网的手机或其他便携上网设备才行。

财女贴士

无论使用哪一种记账方式，都要时刻记住，一定要注意账目保护，别随意公开你的日常流水账，这可是重要的个人隐私哦。尤其是网站记账，最好在自己电脑里定期备份，说不定哪天网站突然“关门”，你辛辛苦苦的记录可就白费啦。

心照不宣的秘密——私房钱有妙用

情金PK的那些事儿…

结婚半年，我和老公爱情甜蜜，关系如胶似漆，在外人眼里简直是最令人羡慕的模范夫妻。不过我也有自己心里的小九九，给自己存了一笔私房钱。

女人嘛，天生就缺乏安全感，就算老公再好，也总想给自己留点儿私房钱，就算存起来从来不用，只是在那儿放着，眼睛看着心里也安心，觉得增添了不少安全感。何况老公这人有点“抠门”，虽说在生活上从来不“克扣”我，但他总觉得只有吃饭和住房才是人生大事，而留给穿着打扮、玩乐享受的支出却少之又少，偶尔我想买件贵点的衣服，或是买点好看的书籍、影碟，他就指责我乱花钱。而自从有了私房钱，我总算可以偶尔给自己添置点东西，不必再经过他的同意了。

不过，私房钱的存在总是我俩之间的一个秘密，万一要是被逮住，那可是影响夫妻感情的。就拿上次来说，我忍不住导购小姐的诱惑，买了个价格不菲的名牌包包，回家老公问起，我就报了个挺便宜的价格。可有次跟老公一起外出聚餐，碰到一位朋友，那位朋友眼尖得很，一眼就认出我的包包：“哎呀，这只包可是顶尖的牌子呢，没个万儿八千的拿不下来吧？”老公一听就起了疑心，两道审视的目光“刷”地向我射过来，我顿时尴尬不已。

恋爱面面观&消费智囊团

对于走入婚姻殿堂的人来说，私房钱似乎总带有一种天生的原罪，因为一个“私”字，而给人们留下小心翼翼、偷偷摸摸的鬼祟印象。对于一个家庭来说，私房钱的存在究竟是好是坏？也许，私房钱的本身并无好坏之分，如果能存储有度、运用得当，会是幸福家庭的一个重要保障。

私房观VS家庭幸福

◎私房钱存在的三大原由

女人为什么要存私房钱？其实总结起来无外乎三个原因：第一是为了对付不靠谱的男人。如今社会，婚姻不再是女人一生幸福的根本保证，如果婚姻这条船一朝倾覆，也会给生活带来灭顶之灾。即使男人在婚前有再多的甜言蜜语，一旦婚姻生活慢慢转为平淡，有些男人就可能在外沾花惹草，甚至抛弃家庭，让女人陷入孤立无援的境地。如果女人在婚姻生活时将一切收入都投入到家庭账户，从没想过给自己留一份余地，那么这时显然很容易陷入被动的局面。但这时如果有一笔不菲的私房钱，底气无疑会足得多。

存私房钱的第二个原因，一般是为了家庭紧急支出。生活中难免会出现各种各样的意外，但对大多数人来说，总是存在着侥幸的心理，觉得自己不会被厄运击中，也很少有人会未雨绸缪，给将来准备一笔紧急备用金。尤其对于经济状况一般的家庭来说，平时更不会备有过多的存款，但若是遇到紧急事件需要大笔款项支出，私房钱就能在这时候派上用场了。

而第三个原因，则是为了女人私用。女人和男人的消费观念不同，难免在一些支出上发生矛盾，如果自己有私房钱，买东西不必再受到男人的阻碍，还可以用来补贴补贴娘家，或是用来跟朋友闺蜜们应酬，手头宽裕，生活当然也轻松自由得多了。

◎私房钱要存储有度

对女人来说，私房钱是一笔宝贵的财富，能够增添安全感，提升自己的生活质量，并且为家庭的幸福建立保障。但是，无论是因为哪个原因存下私房钱，存储的额度都不应该是无限的。

有些女人一旦开始存私房钱，就会像上瘾一样越存越多，甚至为了私房钱而克扣家庭的必须支出。比如将家庭公共账户的支出账目修改，缩减一些正常的支出，这样必然会导致家庭生活的质量下降。对女性而言，这无疑是在“自毁长城”，为家庭带来重大的隐患危机。如果所存的私房钱比家庭账户上的存款还要多得多，一旦被丈夫发现，还可能会被认为是一种背叛，失去丈夫的信任，甚至导致婚姻的破裂。所以私房钱的存储一定要有度，应该在保证家庭支出和存款正常的前提下，才能给自己备下私房钱。

此外需要注意的是，私房钱的存储来源也有讲究，最好

生活中难免会出现各种各样的意外发生，但对大多数人来说，总是存在着侥幸的心理，觉得自己不会被厄运击中，也很少有人会未雨绸缪，给将来准备一笔紧急备用金。

是工资以外的钱。比如公司的年终奖金、分红、绩效奖励、提成、补贴等等，如果没有，也可以做一些兼职来获得。积攒私房钱越来越方便，私房钱的数额也越来越大。你可以让丈夫知道你有一笔小钱，可以说这是舍不得每天乘出租车而省下的交通费，也可以是自己带盒饭而省下的午餐费。对这样一笔数目不大而且是辛辛苦苦存下的钱，丈夫一般都不会多做追究。

存钱观VS用钱观

◎私房钱也有可能不“私房”

虽说婚姻是建立在信任的前提之下，而私房钱看起来似乎属于戒心的积累和产物，非常容易引起双方的误解，甚至导致家庭纠纷；但事实上，无论对妻子还是丈夫来说，私房钱都是一个无法回避的问题。有调查表示，63%的已婚者都认为夫妻一方有存私房钱的必要。这说明现代社会的人们，已经越来越认可私房钱的存在，而且存私房钱已越来越成为一种社会的普遍现象。

但是，很多女人都会有这样的困惑：结婚多年，辛辛苦苦存下了一笔只属于自己的钱，但家庭经济状况总在变化，一旦家庭出现大笔支出的需要，比如宝宝出生后大量支出、孩子上学、家中需要添置一些电器或家具等等，自己就不得不将这笔钱拿出来使用，结果私房钱不“私房”，还是成为了家中的共同财产。

虽说自己所存的钱能用来解决家庭困难，这确实是一件好事，可为什么辛辛苦苦攒下的钱还是用掉了呢？如果这样，与其瞒着丈夫、提心吊胆地存上好多年，倒不如一开始就不存，同样能被家庭所用。

◎私房钱生钱，成为家庭储备金

实际上，之所以发生私房钱不“私房”的情况，第一是因为私房钱与夫妻财产没有完全分开，一旦家中有支出需求，就可能用来填补救急，这样的私房钱其实与家庭备用金没有太大区别；而第二个原因，则是私房钱的数目过少，又没有存储的目的性，只是为了满足身为女性的安全感，所以随意地存在银行中。如果能够将这笔钱做有目的性的用途，比如用来给孩子存一笔额外的教育基金，或者专门设立一个投资账户，这样私房钱就不会被当做夫妻财产随意地花完了。

而处理私房钱最佳的方式，就是“让钱生钱”。将这笔钱投入到一些理财项目中去，比如基金、股票或其他理财产品，虽然会有一定的风险，但因为是家庭存款之外的私房钱，即使有一定的亏损，也不会对家庭生活造成太大的影响；而一旦有了收益，则又能为家庭增添备用资金。

财女贴士

很多男人都不喜欢妻子存私房钱，如果丈夫对私房钱的态度只是一般反对，你可以私下存一笔较小的存款，偶尔用这笔钱给丈夫买点小礼物，既能缓和夫妻关系、打动丈夫的心，又能让他看到私房钱存在的价值，改变他对私房钱的看法。

而如果丈夫对私房钱的态度是激烈地坚决反对，那么最好不要轻易冒险，不妨提议把家庭收入透明化，实行“AA制”，在“AA制”的前提下，女方所存下的私房钱都来源于自己的工资、奖金等渠道，这样比较公平合理，也不会因为你擅自攒私房钱而引发家庭矛盾了。

13 幸福跑道一路奔驰——买车+养车面面观

情金PK的那些事儿…

我和Sam结婚已经一年，他在销售公司上班，而我是个悠闲的后勤小文员，两人的工作都挺稳定的，虽然负担着每个月近三千元的房贷，但因为没有其他负担，所以小日子过得还算是比较滋润。不过自从Sam今年升职之后，他的工作越来越忙了，有时候还得在各个城区里到处跑，这时他就起了买车的心思。他把这个打算对我说过，我当时一听，觉得有些踌躇。

说实在的，谁不想拥有一辆小车啊！每次当我脚踩高跟鞋、身穿裙子与一帮大男人一起挤公交车的时候，我的心里都在想：上天啊，赶快赐我一辆属于我们家自己的车吧！我再也不想挤公交车啦！相信Sam和我的想法也是一样。可关键是，我们家的经济能力，真的可以现在就买车吗？

现在我们家里的存款不多，只有5万块钱，因为每个月交完月供之后，再把各项生活费用扣除，可以存下来的钱就已经不多了，万一遇到点急需用钱的事情，这钱却花掉了，那可怎么办好呢？而且，我原本还打算明年要个孩子，到时候生产、住院、奶粉，什么不需要钱啊？而这辆私家车，真的是我们现在最需要买的东西吗？

恋爱面面观&消费智囊团

如今私家车越来越普及，对许多年轻的家庭来说，拥有一辆属于自己的私家车，无疑是许多人迫切的需求。一来可以追赶潮流、显示自己的经济地位，二来使用上也非常方便，对于上班一族来说，上下班的出行会更加轻松了。但是，对于经济基础还不算十分牢固的年轻家庭来说，一辆私家车也是一笔极大的支出，所以在购买私家车时需要更加的慎重。

买车观VS精明选购

◎挑选买车的最佳时间

新婚或新婚不久的家庭，有两样东西会纳入购买范畴，一个是房子，而另一个就是私家车。房子无疑是家庭的必需品，是可以遮风挡雨的工具，而且是可以增值的固定资产，而私家车则属于消耗品，从必需性角度来说也远远及不上房子。所以，如果一个家庭对私家车的需求还不算太高，而又还没有拥有一套属于自己的住房，那么最好还是将买房放在第一位。

此外还需要注意的是，如果计划在近期要宝宝，那么买车的计划也应该考虑这一方面。要知道，孩子是生命的后继，一旦你怀上了宝宝，那么无论是生育、营养还是教育等方面，都会有极大的开销，这些开销显然比买车和养车更加重要。当然，如果是工作上对私家车有紧急的需要，车子能成为推动事业进步的工具，条件允许的话也可以提前购买；但如果是普通人家，最好是将买房、买车的时间错开5年左右，而生育则可以根据自身的经济条件和年龄，来随时地调整时间。

也就是说，对于经济条件比较一般的年轻家庭来说，是不建议将买车列入暂购范围内的。尤其当你还面临着房贷、孩子等问题时，那么买车的计划最好再向后搁置一段时间。且不说车子的昂贵首付和沉重车贷会带来进一步的压力，而且后期昂贵的开销也会加重生活的负担。一般来说，如果家庭月收入在5000以下，就不要立刻买车了。

新婚或新婚不久的家庭，有两样东西会纳入购买范畴，一个是房子，而另一个就是私家车。房子无疑是家庭的必需品，是可以遮风挡雨的工具，而且是可以增值的固定资产；而私家车则属于消耗品，从必需性角度来说也远远及不上房子。

当然，如果你有买车的迫切需求，也可以在参照自己家庭经济状况的前提下购买，需要注意的是，如果家中拥有房贷，而房贷达到了家庭总收入的30%，那么车贷就应该尽量控制在收入的20%左右，否则，一旦房贷和车贷的总数超过了月收入的50%，你的家庭运转就可能失去控制，甚至沦为疲于奔命的“房奴”“车奴”。

◎买车也要实行“经济型选购”

如果你真的决定需要买一辆车，那么在买车的过程中也需要时刻考虑自己的经济状况。首先是要多多进行调查，摸清行情，而不要一时冲动地立刻购买。最好多去几家车行，一般来说，节假日的前后都可能有私家车的促销活动，尤其是在元旦和春节前后，许多汽车厂家和经销商为了完成销售任务，会出现很多五花八门的促销形式，比如“大礼包赠送”等等，或者一些增值服务，如果运气好，你也可能会遇到直接降价的活动，也许短短的几天相差时间，车价就会调整好几千元。

当然，这种降价和促销活动一般只限于普通款的车型，而那些新款的或是供不应求的车型，常常不在此列，甚至还有可能在节假日前后涨价。所以，观察车价一定要及时而且准确，平时多留意相关信息，以便在商家做活动时做出准确判断，迅速出手，用更低的价格买下你最心仪的私家车。

此外，除了需要考虑车子本身的价格之外，还有全寿命使用成本也要纳入考虑的范围。所谓全寿命的使用成本，是指车价、保险费、购置税、燃油费、保养维修费的综合费用，比如说如果购买了在同排量车型中省油名列前茅的车型，后期就能省下一大笔的燃油费支出了。

养车观VS实用主义

◎把实用性放在第一位

很多出于追赶潮流而买车的小家庭，其实并没有意识到，买车最重要的其实是它的实用性。许多年轻家庭在买车的时候，由于受到导购推销的影响，又或是被网络和汽车杂志上那些炫目的车型所吸引，很容易在一时冲动之下，就购买了比预算价格高的车型，结果使用之后才发现，除了外表稍稍漂亮一点之外，其实用性比一般的车型并没有太大不同。

此外，私家车中的许多配件也属于“可有可无”的地位，并不需要全部配备。比如如果身在路途熟悉的小城市，很少外出，那么车载GPS就不属于必需品；还有车子里的备用喇叭、车载MP3等，其实都属于“锦上添花”型的配件，如果没有太大的需要，而且预算又比较紧张，完全可以在“实用主义”之上，放弃这些华而不实的功能配件。

◎车子保养，同样不可掉以轻心

当你按照自己的需求买来了一辆心爱的私家车，可别忘了好好进行保养。要知道，一辆按时保养的车子，比缺少“照顾”的车子寿命长得多。有些人觉得保养私家车是一笔大的支出，其实却能够让爱车始终保持良好的状态，减少损坏的几率，那么也就等于减少了未来的维修费用，两相对比，按时保养车子可以说是省下了未来的钱。比如说车子有小异响、小异常就及时检查，比将来车子出现大问题再进行检修费用要少得多。另外，多向有经验的车友取经，懂得用车常识，避免因使用不当而造成汽车过早磨损，同样可节省费用。

而除了“养车”之外，燃油费也是有车一族的一项大的支出。怎么才能最大程度地省油呢？其实最重要的就是掌握车子的特点和驾驶要领，同时减少车辆耗损和油耗。比如说，突然加速比慢加速会多消耗几倍的汽油，如果让车始终保持匀速行驶状态，就能大大减少燃油支出了。

此外，也别忘了为车子选一款保险。经过多方的咨询、比较，然后再做选择。给车子购买保险前，一定要先了解各种车险的理赔范围和金额，根据自己用车的具体情况和收入情况来选择合适的险种。投保并不是越多越好，比如说，新车一般不会出现自燃，投保时可放弃自燃险，这样就能够省下一笔不必要的支出了。

意外之“喜”给财富减分
——宝宝的经济学

情金PK的那些事儿…

我和阿峰新婚半年，都属于事业型的上班族，暂时还没有要孩子的想法，原本的打算是先在职场上努力打拼，等攒够了一定的家庭资金，而且事业处于稳定期之后，再来考虑“添丁”的事儿。公公婆婆当然都想要早点抱孙子，有时候催得急了，我俩也没当一回事。可没曾想，最近却一不小心有了意外之“喜”，当我俩坐在医院里拿着检查结果的时候，心里都是又喜又愁。

说句实在话，当医生告知这个消息的时候，我其实还挺高兴的。知道自己爱情的结晶即将降临，哪个初当父母的会不开心？可一想到家里的经济状况，却又止不住地发愁。宝宝啊宝宝，你来得可真不是时候。首先我的怀孕，会直接导致我的事业受到严重影响。我在一家销售公司里当文员，平时的工作离不开电脑和打印机，这两样都是极大的辐射源，尤其对于怀孕初期的我来说，对宝宝有着致命的伤害。所以，我只能申请调职到比较轻松、远离辐射的岗位，今年原本计划向上司提出升职加薪，这下可全都没戏了。

而更让我俩发愁的是，宝宝的来临还会带来一系列的重大开销。什么营养费啦，奶粉钱啦，生产时需要找最好的妇产科医院，各项大小检查、生产手术都是大开销，宝宝降临之后，我们还得准备一系列的宝宝用品。昨天和公公婆婆说起这件事，婆婆已经高兴得开始盼望孩子的满月酒席了，那又是一笔巨大的开支，所有计划都被打乱了。

恋爱面面观&消费智囊团

如今大多数家庭夫妻双方都是上班族，尤其对于新婚燕尔的小家庭来说，一般不会立刻施行怀孕计划。但计划外的事件却可能会突然而至，让你措手不及。如今大多数家庭夫妻双方都是上班族，这突然到来的意外之“喜”，常常会给经济实力还不丰厚的小家庭带来沉重的负担。

意外观VS精明开销

◎意外喜事造成开销“井喷”

意外到来的宝宝，常常会带来让你烦恼不尽的理财问题。宝宝出生之前，准妈妈的事业会受到影响，家庭开支也会添加营养费、诊查费等多项费用；宝宝出生之时，生产的费用更是一笔极大的开销；宝宝出生之后，吃喝拉撒各项费用更是一样都不能少。

而意外之喜的到来，还可能刺激准爸爸妈妈们的购物欲，从而多出许多根本不必要的开支。比如很多准妈妈在得知怀孕消息之后都会激动万分，对于未来宝宝的降临充满了憧憬，从此热衷于购买各类宝宝所需的商品，流连在商场超市的婴儿用品货架之间，甚至购买很多不知用不用得上的商品。实际上，这种行为是极大的浪费。因为婴儿商品也具有时效性和潮流性，很可能在怀孕初期购买的商品，当宝宝降临后却已经不能使用，或者到了那个时候，市面上已经出现了更方便安全的新产品；又或是亲戚朋友购买赠送了一堆宝宝用品，宝宝根本无法用完。那么，在意外之“喜”到来之时，究竟如何才能保证你的家庭财富不至于减分呢？

婴儿商品也具有时效性和潮流性，很可能在怀孕初期购买的商品，当宝宝降临后却已经不能使用，或者已经出现了更方便安全的新产品；又或是亲戚朋友购买赠送了一堆宝宝用品，宝宝根本无法用完。

◎给宝宝做好精明的预算规划

要在宝宝到来之际开源节流，最重要的就是要做好预算规划。迎接宝宝的到来，这是一项巨大的工程，而准爸爸妈妈们则是这项工程里的主角，需要花费精力来对它运筹规划。先对家庭的财产状况进行分析，确定能用于宝宝的资金有多少，在此基础上，再对宝宝的各项开销进行分配。

这个时候，怀孕日记或怀孕账本是一个不错的省钱方法。比如首次检查费用500元，孕期达到3个月时在医院建卡，此后每次检查30元，每隔一个月检查一次；孕期达到6～7个月时需要做B超，花费50元……此外，还可以记上每个月的营养费，比如怀孕初期需要补充叶酸，从第3个月开始饮用孕妇奶粉等等，这样的记账，不仅能对支出进行从宏观到微观的控制，还可以在发现支出过多时，进行随时的调整。

而在购买宝宝必需品的时候，也要练就一双火眼金睛，才能压缩支出的成本。比如奶粉、奶嘴、纸尿布这类需要频繁采购的商品，不妨平时就多留意各大超市的打折目录，如果某个时期婴儿用品打折较多，就可以一次性共同购买。此外，在网站上购买婴儿用品也是如今许多年轻父母的时尚，选择一些商品品质和售后服务有保证的网站，尽情挑选各类宝宝用品，这类商品常常比实体店铺的价格便宜，还可以获得网站积分呢！

理财观VS投资未来

◎宝宝投资的必要性

意外之喜的到来，不仅需要考虑到家庭支出的开源节流，同时也影响着家庭理财投资的计划。很多年轻父母可能只听说过社会保险中的生育保险，却并不知道对于脆弱的宝宝来说，普通的保险品种并不能满足特殊的保障需求。要知道，女性在妊娠期间是非常脆弱的，腹中胎儿的风险也比正常人要高出许多。而且此时女性如果需要投保，产品的选择也不多，价格还会偏高。这个时候，选择一种合适的保险，也是非常必需的。

此外，宝宝的到来所带来的家庭支出，不仅包含着营养费、生产费等生活支出，还意味着未来宝宝的健康投资、教育投资等大问题。如何对宝宝进行早期的投资，给他的未来解决后顾之忧，也是年轻父母们需要考虑的问题。

◎保险与教育基金，一个都不能少

对于意外之喜的保险，一般有孕前和孕后的保险。孕前最好给准妈妈办理一份能覆盖妊娠期疾病的女性健康险，而且有专门针对孕期女性的产品，还可以母婴兼顾；而在孕后，可以投保专门为孕妇和宝宝而设计的母婴健康类保险。当然，这个时候最好再给宝宝单独购买一份健康保险和意外险。

当然除此之外，为孩子的未来准备一份教育基金非常重要。如今大多数银行都有教育储蓄的业务，但政策限制较多，如果经济条件允许，也可以选择基金定投的方式，注意选择那些比较稳健的货币基金，选择长期定投，这样虽然收益比较小，但风险也相对较小。

starwon
books co.,ltd
达 闻 天 下

starwon
books co.,ltd
达 闻 天 下